Geheimtips für Genießer

Wachau – Weinreisen an Donau und Kamp

W0358514

Geheimtips für Genießer

WACHAU

Weinreisen an Donau und Kamp

Texte von
Peter Schmoeckel

edition spangenberg bei Droemer

RESPECT COPYRIGHT
ENCOURAGE CREATIVITY

© Copyright der deutschen Ausgabe
Droemersche Verlagsanstalt Th. Knaur Nachf.,
München 1998
Das Werk einschließlich aller seiner Teile ist urheberrechtlich geschützt. Jede Verwertung außerhalb der engen Grenzen des Urheberrechtsgesetzes ist ohne Zustimmung des Verlages unzulässig und strafbar. Das gilt insbesondere für Vervielfältigungen, Übersetzungen, Mikroverfilmungen und die Einspeicherung in elektronischen Systemen.
Gestaltung, Karten, Satz: Gabriele Klann
Ein ausführlicher Bildnachweis findet sich am Ende des Buches.
Umschlaggestaltung: Vision Creativ München
Umschlagfotos: Mauritius / Hardenberg, Mittenwald; Zefa / Rosenfeld, Düsseldorf
Reproduktion: Digital Color, München
Druck und Bindung: Clausen und Bosse, Leck
Printed in Germany
ISBN 3-426-26991-0

5 4 3 2 1

Inhalt

Es gibt eine Bewegung, die 1986 mitten in den Langhe, in Piemont, geboren wurde und heute in ganz Italien und in 18 weiteren Ländern verbreitet ist (siehe auch Seite 144).
Sie heißt Arcigola Slow Food und will der natürlichen Freude am Genuß ihre Würde und ihr Recht zurückgeben. Ihr Symbol ist die langsame und sympathische Schnecke.
Ihre Ziele sind: Die Kultur des Essens zu schützen, die von der mit dem Fast Food begonnenen Standardisierung bedroht wird; den Geschmack unserer traditionellen Eßkultur wiederzuentdecken und in Gemeinschaft zu genießen; dem Genießer Informationen über den Markt zu liefern und ihm zu helfen, das Beste zu einem angemessenen Preis zu kaufen; die Umwelt vor einer aggressiven, chemischen Landwirtschaft zu bewahren.
Freude und Gemütlichkeit erlebt man jedoch nicht nur bei Tisch. Man kann sie auch auf einer ruhigen Reise entdecken, auf Straßen, die fernab liegen vom Verkehr und Lärm des Massentourismus, in Gegenden, die uns den verborgenen Reiz eines Urlaubs weit weg vom »wilden Trubel« bieten.
Die Führer »Geheimtips für Genießer« tragen ebenfalls das Zeichen der Schnecke. Sie schlagen Wege durch die Natur, die Kunst und die Traditionen kleinerer Regionen vor, die in ihrer Geschichte und Kultur eine Einheit bilden; sie regen an, Städte neu zu entdecken: Auf diesen Reisen, für die Sie sich ein paar Tage, manchmal nur ein verlängertes Wochenende, Zeit nehmen sollten, werden Sie Ruhe, Grün und frische Luft wiederentdecken. Sie finden hier auch Vorschläge für kleinere Abstecher, die Sie zu Fuß oder mit dem Fahrrad, zu Pferd oder im Boot unternehmen können. Und da unserer Meinung nach Reisen auch Kennenlernen und Verstehen bedeutet, bietet jeder Reiseführer dieser Reihe detaillierte Informationen aus der Hand von ausgewiesenen Experten. Für Slow Food geht genußvolles Reisen stets einher mit genußvollen Speisen:
Slow Food liefert die richtigen Adressen zum Übernachten, Essen und Einkaufen. In dem ausführlichen Adreßteil sind die Orte, die Sie nicht versäumen sollten, aufgelistet und beschrieben: Hotels, Restaurants, Kneipen, Weinkellereien und kleine Läden, die alle von Slow Food ausgewählt sind und für die wir uns auch verbürgen.

Benutzerhinweise

TIPS & INFOS
Ausführliche Informationen finden Sie ab Seite 106

In Kurzform nützliche Hinweise und empfehlenswerte Adressen (Hotels, Restaurants, Gasthäuser, Heurige, Bars, Cafés, Läden, Weinhandlungen und Werkstätten)

Essen und Trinken

Zum Storchen	Restaurant mit guter Küche
Zum Storchen*	Restaurant mit bemerkenswert guter Küche
Zum Storchen**	Restaurant mit ausgezeichneter Küche, nicht versäumen

Restaurant, das uns besonders gut gefällt aufgrund seines gemütlichen Ambientes, der traditionellen Küche und der unverfälschten Gastfreundschaft

Die Karten

Vorgesehene Dauer der Ausflüge

1 TAG mit dem Auto

2 STD. zu Fuß

1 STD. mit dem Fahrrad

Abstecher

Wanderung

Fahrradtour

Hotel

Restaurant, Gasthaus, Heuriger

Weinhandlung

Weinkellerei

Weinberg

historisches Gebäude

sakrales Gebäude

Museum

Aussichtspunkt

Gute Gründe für einen Besuch

Eine starke Landschaft

In die Wachau zu reisen, bedarf es eigentlich keiner Gründe. Jeder Anlaß ist recht: sei es, daß Sie eh' zu tun haben in Wien – es ist ja nur ein Katzensprung von dort –, sei es, daß der Weinvorrat zur Neige geht oder daß es höchste Zeit ist, mal wieder ein verlängertes Wochenende auf dem Fahrrad zu verbringen. Gehorchen Sie jedem Impuls!

Wenn Sie erst einmal dort sind, auf dem Tausendeimerberg stehen oder von Rossatzbach hinüber nach Dürnstein blicken, wenn Sie auf Ihren Wanderungen die Augen und beim Heurigen die Ohren aufmachen, werden Ihnen tausend Gründe einfallen, weshalb Sie noch ein wenig länger bleiben oder ganz bald wiederkommen werden. Es ist dieses prickelnde Gefühl der Neugier, das Bewußtsein, daß Sie das Geheimnis dieser Landschaft, die am Anfang der österreichischen Geschichte steht und auf Schritt und Tritt Erinnerungsstücke bereithält, niemals ausschöpfen werden. Welch eine Landschaft! Kaum mehr als dreißig Kilometer lang und wenige tausend Meter breit, hat sie sich ihre Eroberer stets zu glühenden Verehrern gemacht. Immer schon hat die Wachau unter ihren Bewohnern Kräfte zu wecken vermocht, die wenn es darauf ankam ihre Heimat mit Zähnen und Klauen verteidigen und sie mit allem herausschmücken, was sie attraktiver macht. Gestern noch davon bedroht, durch vordergründig wirtschaftliche Erwägungen um Charme und natürlichen Reichtum gebracht zu werden, steht sie heute als »protected landscape« unter dem Schutz des Europarats und glänzt als bedeutendstes Weinbaugebiet Österreichs im Lichte internationaler Anerkennung. Und als wäre das nicht schon genug, beherbergt sie an ihren Ufern die dichteste Kette haubengeschmückter und landschaftstypischer Genießerziele, die Österreich auf so engem Raum zu bieten hat.

Machen wir uns nichts vor: Es sind Tausende von Seiten geschrieben worden über die Wachau. Und dieser Band wird dem bereits Gesagten nichts Neues hinzufügen können. Er will Sie anregen, sich der Wachau auf Ihre Weise zu nähern, nicht mehr. Aber er will Sie auch dazu verführen, die Wachau einen Ausflug lang zu verlassen, um dem Kamp folgend in einer großen Schleife durch das Waldviertel ihr Hinterland kennenzulernen, ein Land von rauhem Charme, das stets im Schatten und in Diensten der attraktiveren Schwester stand. Genießen Sie die Stille und lassen Sie sich im Weiterfahren überraschen vom einstigen Ferienparadies der Wiener Gesellschaft, das munter und voller Dynamik dabei ist, seiner Idylle neue Glanzlichter aufzusetzen. Naschen Sie am Kamptal. Und kehren Sie dann zurück in die Arme der anspruchsvollen, der ach so schönen Wachau.

Dürnstein und seine Burg: Wahrzeichen der Wachau.

Ein Leitfaden

Die Donau

Wir sprechen hier von dreißig Kilometern Donau. Das ist wenig mehr als ein Prozent der gesamten Flußlänge. Und doch ist über diese kurze Wegstrecke mehr geschrieben, verhandelt und gesungen worden als über irgendeinen anderen Abschnitt des Stroms. Von Melk bis Krems, auf ihrem Weg durch die Wachau, zwängt sich die Donau durch eine tektonische Spalte im Granitblock der Böhmischen Masse und prägt im Vorüberfließen der Landschaft ihren Stempel auf. Nichts, was nicht durch ihr Hinzutun verursacht, gewachsen oder erhalten würde. Sie beeinflußt das Klima und schafft die optimalen Bedingungen für den Weinbau (Seite 28f), sie war Grenze und zugleich Verbindungsweg zwischen verschiedenen Völkern und Kulturen, war als natürliche und jahrhundertelang konkurrenzlose Handelsstraße zwischen Ost und West Arbeitgeberin und Mehrerin des Wohlstands (Seite 12f), aber auch Durchzugsstraße für Kriegsgreuel und Ursache für Not und Elend. Ihre Ufer wurden zur Keimzelle Österreichs und zum Ausgangsort für die Christianisierung und die endgültige Besiedelung des Waldviertels bis hinauf zur böhmischen Grenze (Seite 80ff) und der österreichischen Landesteile im Osten. So ist alles in der Wachau auf die Donau ausgerichtet: die Weinberge, die Ortschaften, die Burgen, die Gärten der Restaurants und vieler Heurigen, die Terrassen der Hotels – und der Kampf der Wachauer um die Erhaltung

ihrer einmaligen Stromlandschaft (Seite 42f). Denn natürlich hat sich die Rolle der Donau als Wirtschaftsfaktor im Wandel der Jahrhunderte und im Tempo der wirtschaftlichen und gesellschaftlichen Prozesse verändert. Interessierte Anrainerstaaten der Donau bildeten schon im vorigen Jahrhundert die Donaukommission mit der Zielsetzung, den Strom zu einer Wasserstraße auszubauen, die den Transport aller Arten von Massengütern und die Großschiffahrt erlauben würde. Und nach dem Zweiten Weltkrieg hatten die Empfehlungen der Kommission sogar für eine gewisse Zeit so etwas wie Richtliniencharakter und erlangten besonders in Österreich eine hohe Priorität. So kam es im Zusammenhang mit den für die Ausbaupläne erforderlichen Stromregulierungen und Fahrwasservertiefungen zu dem Beschluß, den Strom zu einer Kraftwasserstraße zu machen, will heißen, zu einem Fließgewässer, an dem die Staustufen und Wasserkraftwerke aufgereiht sein sollten wie Hühner auf der Stange. Unabsehbar die ökologischen Folgen, katastrophal die Konsequenzen für die Wachau. Das Schlimmste, ein Kraftwerk gegenüber Dürnstein, haben die Wachauer abwenden können (Seite 43), und heute sieht es so aus, als sei hier die Landschaft auf Dauer gerettet. Denn auch der Frachtverkehr ist nicht mehr, was man sich noch vor dreißig oder vierzig Jahren von ihm versprochen hatte. Rostige Altmetallkähne aus den ehemaligen Ostblockländern stampfen donauaufwärts, und ein paar Containerschiffe aus dem Westen gleiten ihnen entgegen. Die schmucken Ausflugsschiffchen mit Musik und kulinarischen Bordbuffets haben viel Raum auf ihren Pendelfahrten zwischen Melk, Spitz und Krems. Eine heile Welt, so will es scheinen. Aber für den Arbeitskreis zum Schutz der Wachau, eine bereits 1972 gegründete Bürgerinitiative (Seite 43), gab es immer genug Anlässe, wachsam zu bleiben …

Sehen und verstehen

Vom Werden einer Kulturlandschaft

Auch vor dreißigtausend Jahren ließ es sich offenbar schon ganz gut leben auf den von der Donau geschaffenen Terrassen der heutigen Wachau. Die Sonne schien auch damals schon häufiger als wenige Kilometer weiter im Norden oder Süden. Angenehme Temperaturen schmeichelten Pflanzen und Tieren, und

Hof eines Schiffsmeisterhauses.

die Nahrung suchenden Menschen hatten hier weniger Mühe als anderswo, ihr Auskommen zu finden. Von einem gesegneten Landstrich zeugen nicht nur steinzeitliche Feuerstellen und Fundstücke wie die »Venus von Willendorf« (Seite 46), sondern auch die ersten schriftlichen Quellen. Aus römischer Zeit wissen wir von Weinbau und ausgedehntem Handel, aus karolingischen und ottonischen Urkunden davon, daß sich die bayerischen Bistümer und Klöster, die sich im Kampf um die Ostmark verdient gemacht hatten, schon bald nach dem Zurückdrängen der Awaren und später der Ungarn um die besten Plätze rechts und links des Stromes ein munteres Gerangel lieferten. Um einträgliche Weingärten ging es. Aber auch politischen Einfluß erwarteten sich die geistlichen Herren aus den Schenkungen Karls des Großen und seiner Nachfolger. Schon im 11. Jahrhundert waren die schönsten Stücke aus dem Wachauer Kuchen verteilt: Das Gebiet um Spitz, locus Wahowa, erhielt das Kloster Niederaltaich. Die Bistümer Passau und Freising sowie das Kloster Tegernsee geboten über das Land zwischen St. Michael und Weißenkirchen, das später als Thal Wachau bis 1848 eine selbständige Gemeinde bilden sollte. Das Erzbistum Salzburg hatte Besitzungen in Oberloiben und in Arnsdorf auf der rechten Donauseite, wo donauabwärts das Kloster Metten und im Gebiet von Mautern wiederum Passau die Grundherrschaft ausübten. Noch bis ins hohe Mittelalter hinein erfolgten Stiftungen und Dotierungen aus weltlichen und kirchlichen Gütern an Klöster und Pfarreien, so daß gegen Ende des Mittelalters drei Viertel der Wachauer Weingärten im Besitz von gut fünfzig verschiedenen kirchlichen Einrichtungen waren. Als die letzten dieser Besitzungen nach zum Teil tausendjährigem Bestand mit dem Reichsdeputationshauptschluß Anfang des 19. Jahrhunderts säkularisiert wurden, hinterließen sie nicht nur kunstvoll terrassierte Weinberge und prächtige Lesehöfe, sondern auch eine über Jahrhunderte gewachsene Sozialstruktur, die geprägt war von selbstverwalteten Gemeinwesen und freien, nicht selten wohlhabenden Bürgern. Im Spannungsfeld zwischen geistlicher Grundherrschaft und weltlicher Botmäßigkeit gegenüber den zu Vögten berufenen Ministerialen der Markgrafen und Herzöge wußten diese Bürger sich als selbstverantwortliche Weinhauer und Gutsverwalter, als Schiffsmeister und Händler einen Freiraum zu schaffen, der auch heute noch an den Höfen und Häusern der Wachauer Ortschaften wie am Charakter ihrer Bewohner abzulesen ist. Immer schon waren sie privilegiert. Als Freie kamen sie im Gefolge Kaiser Karls ins Land. Schon früh übernahmen sie Weingärten, um die sich die fernen Eigentümer nicht ausreichend kümmern konnten, in Pacht und blieben unabhängig. Ihre Vettern bauten und führten die Schiffe, mit denen der Wein donauaufwärts zu den bayrischen Bistümern und Klöstern gebracht wurde. Ein gefährlicher Job (Seite 47ff), aber frei und einträglich. Auch als Holz- und Weinhändler, als Verwalter großer Niederlassungen und als Beamte bauten sie stattliche Häuser. Adelsgeschlechter, die als Vögte mit dem Schutz der kirchlichen Besitzungen und mit der Ausübung der Gerichtsbarkeit betraut waren, gewannen an Einfluß, Macht und Eigenbesitz. Sie bauten Burgen, gründeten Stifte und hinterließen ihre Spuren, bevor sie ausstarben und anderen Geschlechtern Platz machten (Seite 80f). Sie alle, Klöster und geistliche Grundherren, die Adelsfamilien und die ansässigen Bauern und Bürger, trugen bei zum Reichtum dieser Kulturlandschaft, in der Österreich seinen Anfang nahm und die nirgendwo in der Welt ihresgleichen hat.

Reste des mittelalterlichen Kreuzgangs im Benediktinerstift Altenburg.

Der barocke Doppelbogen der Marienbrücke in Straß.

Die Routen

In Krems kommen die Züge an: aus Wien und dem Osten, die Donau entlang aus dem Westen, vom Waldviertel das Kamptal herunter und vom Süden herauf aus der Landeshauptstadt St. Pölten. Auch die Autostraßen aus den vier Himmelsrichtungen treffen hier aufeinander, wie einst die großen Handelsstraßen des Mittelalters. Krems ist die Stadt der Schulen und Hochschulen, ein kulturelles Zentrum. Es ist die Stadt, in der die Bauern der Region ihre Erzeugnisse anbieten und einkaufen, was sie während der Woche brauchen. Krems ist lebendig gebliebene Geschichte und bietet sich als Ausgangsort für touristische Unternehmungen im Donautal und im Waldviertel geradezu an. Lassen Sie sich Zeit für Krems, es hat Ihnen viel zu erzählen. Davon handelt unser erster Spaziergang.

Die Routen, auf denen sich die Schönheiten der Wachau aufreihen wie auf einer Perlenschnur, ergeben sich fast von selbst. Sie führen entlang der Weinberge die Donauuferstraße hinauf, unter Burgen und Felsstürzen her, durch die Dörfer und Marktflecken, vorbei an barocker Pracht, an Wehrkirchen und Renaissancehöfen, an Heurigenkellern und Genießertempeln. Von Rothenhof bis Spitz und ein wenig darüber hinaus reichen die rebbestockten, die sonnenseitigen, die eigentlich berühmten Weingärten der Wachau. Dies ist nach Krems der zweite Teilabschnitt, den wir uns etwas genauer ansehen wollen.

Die dritte Route folgt dem Strom auf seiner rechten Seite und verbindet die beiden Benediktinerstifte Melk und Göttweig miteinander – barockes Gesamtkunstwerk das eine; einer Festung gleich, österreichisches Montecassino genannt, das andere. Dazwischen Schönbühel und Aggstein, die Arnsdörfer, in deren Gemarkungen die Weinberge wieder beginnen und die Obstgärten blühen, Rossatz und das in die Römerzeit zurückreichende Mautern.

Die vierte Route verläßt den Strom bei Weißenkirchen, führt ins Waldviertel hinein, sucht bei der nie besiegten Burg Rapottenstein den Kamp und folgt dem zunächst wilden, dann zu einer Fjordlandschaft aufgestauten und schließlich beschaulich durch friedliche Auen sich schlängelnden Fluß zurück zur Donau. Am Weg liegen die Stifte Zwettl und Altenburg, die Rosenburg und Gars, wo die Babenberger ihren Sieg über die slawischen Herrscher mit der Errichtung einer Burg besiegelten, und die lieblichen Weinberge des Kamptals, von welchen der Grüne Veltliner stammen soll.
Ein geschlossener Kreis, der in Krems endet, von wo er mit dem Ausflug in die Wachau seinen Anfang nahm.

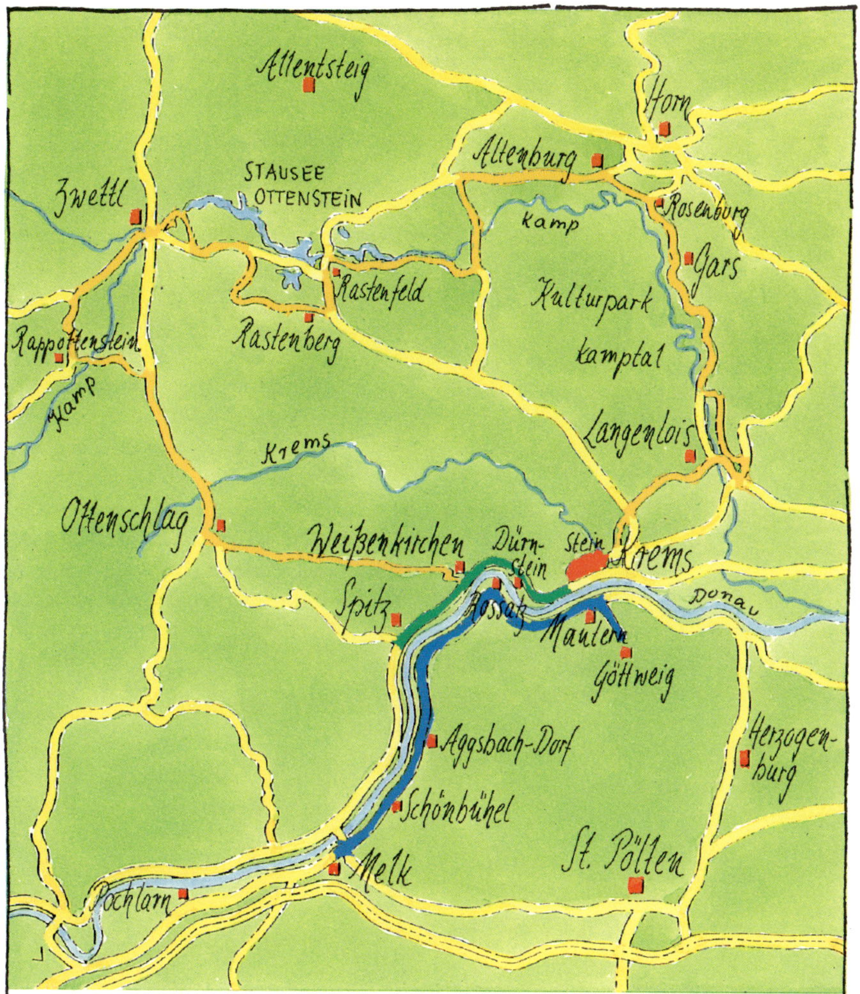

Krems und Stein

Von Förthof bis Spitz

Von Melk bis Göttweig

Durch das Kamptal

Voraussichtliche
Dauer des Ausflugs:

1 TAG

Rundgang Krems

1 Steinertor
2 Gasthof »Zur alten Post«
3 Bürgerspitalkirche
4 Mohrenapotheke
5 Simandlbrunnen
6 Gozzoburg
7 Sgrafittohaus
8 Pfarrkirche St. Veit
9 Piaristenkirche
10 Rathaus
11 Dominikanerkirche
12 Mesnerhaus
13 Haus der vier Jahreszeiten
14 Steiner Tor

Rundgang Stein

15 Kremser Tor
16 Kunst.Halle.Krems
17 Göttweiger Hof
18 Minoritenkirche
19 Salzstadl
20 Pfarrkirche St. Nikolaus
21 Frauenbergkirche
22 Nepomuksäule
23 Großer Passauer Hof
24 Kaiserliches Mauthaus
25 Mazzettihaus
26 Grüne Burg
27 Haus Nummer 122: Wohnhaus des Kremser-Schmidt

Abstecher:

SENFTENBERG

Krems und Stein

Das Tor zur Wachau

Wenn es um ihren Wein geht, kennen die Wachauer Winzer keine Kompromisse. Es mochte ja sein, daß eine Reihe von Kremser Weinbergen, die sogenannten Rieden, die Voraussetzungen an das Terroir zu erfüllen in der Lage waren, die die Wachauer für ihr Weinbaugebiet festlegten. Aber eben nicht alle. Und da die großen Kremser Winzer ihre Weingärten nicht nur auf den Urgesteinsverwitterungsböden des Pfaffenbergs haben, sondern auch auf dem Löß der Kremser Sandgrube, der nun einmal weichere, für die Wachau untypische Weine hervorbringt, ließen die Wachauer nicht mit sich reden. Sie konnten den Gesetzgeber überzeugen und durften ihre Grenzmarkierung kurz hinter Ro-

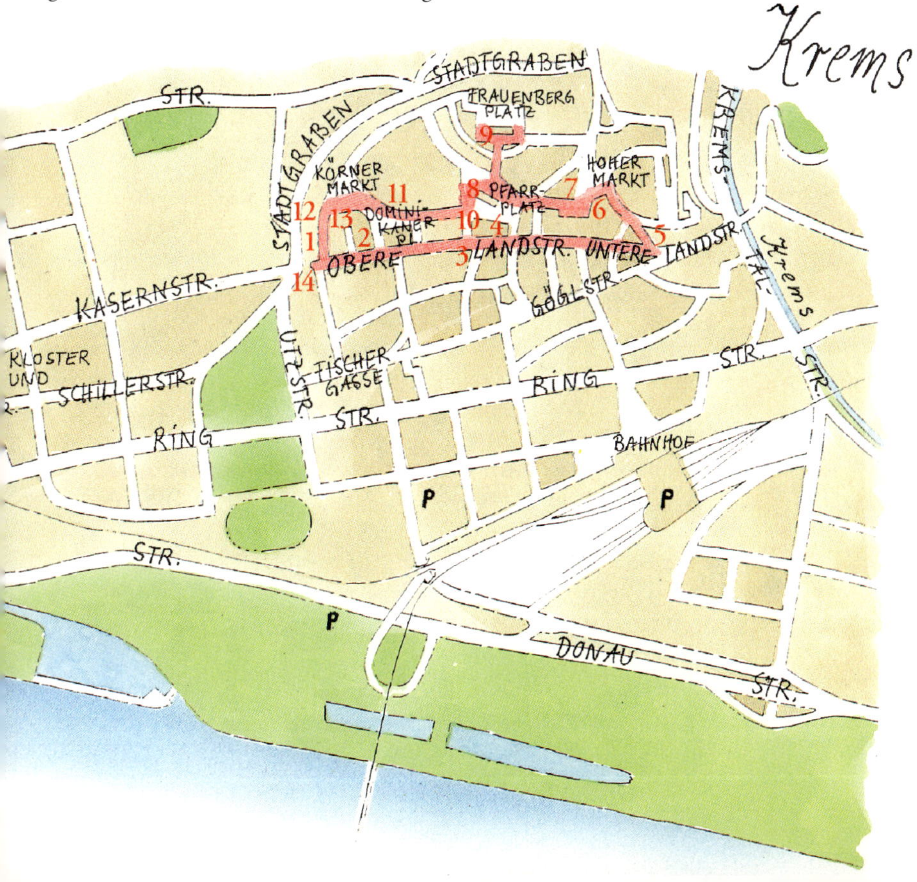

TIPS & INFOS

Ausführliche Informationen finden Sie auf Seite 115ff.

KREMS/STEIN

Einwohner: 23 000
Höhe: 200 m ü. d. M.
Postleitzahl: 3500 Krems
3504 Stein
Vorwahl: 0 27 32

Informationen

Tourismusbüro der Stadt Krems im Kloster Und, Austropa Verkehrsbüro Krems GmbH
Undstraße 6
Tel. 8 26 76
Fax 7 00 11

Das Steinertor in Krems.

thenhof an die Uferstraße setzen. Das hat für den Wein gewiß seine Berechtigung. Aber was für ihn gilt, macht für die übrige Wirtschaft keinen Sinn. Denn touristisch gehört Krems zur Wachau. Da gibt es keinen Zweifel. Hier kommt man an. Hier orientiert man sich.

Zweckmäßigerweise tut das der Tourist zwischen Krems und Stein. Dort liegt – nicht nur im Wortwitz – das (W)Örtchen Und. Genauer gesagt, das ehemalige **Kloster Und** (Seite 21). Das steuern Sie an. Denn hier befindet sich das Tourismusbüro der Stadt Krems. Und alles, was Sie in unserem Genießerführer nicht erfahren können, erfahren Sie bei den freundlichen Damen dieses Büros. Ausgestattet mit einem Stadtplan beginnen Sie nun Ihren Rundgang am Steinertor in Krems oder am Kremser Tor in Stein. Sie laufen nach hier wie nach dort keine zehn Minuten. Wir entscheiden uns für **Krems.**

Mit dem **Steinertor**, dem einzig noch erhaltenen der ehemals vier mittelalterlichen Stadttore, beginnt die Obere Landstraße, die Einkaufsstraße von Krems. Bummeln Sie die Fußgängerzone hinauf, betrachten Sie Schaufenster und Leute und genießen Sie das aus unterschiedlichen Bauepochen harmonisch gereihte Bild der Bürgerhäuser. Werfen Sie links einen Blick in den Arkadenhof des Gasthauses »**Zur Alten Post**«. Rechter Hand, unauffällig eingegliedert in die Flucht der bürgerlichen Fassaden, die **Bürgerspitalkirche** von 1470. Eine Besonderheit sind die nach innen gekehrten Strebepfeiler. Am gotischen Sakramentshäuschen beeindruckt das schmiedeeiserne Türchen mit religiösem Szenenschmuck und Ornamentik. Schräg gegenüber liegt das Rathaus (siehe weiter unten) und gleich daneben die **Mohrenapotheke**, deren Verkaufsraum ein Deckenfresko vom sogenannten Kremser-Schmidt schmückt. Folgen Sie nun der Straße, die bald Untere Landstraße heißt, bis Sie auf den **Simandlbrunnen** stoßen. Simandl (»Sie ist das Mandl«) nennt man auf gut Kremserisch einen Pantoffelhelden. Im 17. Jahrhundert erschien es einigen unterdrückten Männern offenbar als notwendig, sich in einer Interessengemeinschaft, der Simandlbruderschaft, zusammenzuschließen …

Gehen Sie nun links den Wegscheid hinauf zum Hohen Markt. An seiner Südseite steht, ganz im Stil italienischer Stadtpaläste, die **Gozzoburg**, das im 13. Jahrhundert erbaute Palais des Kremser Stadtrichters Gozzo. Später, bis ins 16. Jahrhundert hinein, gehörte sie den Habsburgern. Wenn Sie die Margarethenstraße hinabgehen, liegt rechts das **Sgraffitohaus**. Die Sgraffiti an den Außenwänden, Darstellungen aus dem bürgerlichen Bildungskanon der Renaissance, biblische Szenen oder solche aus der römischen Geschichte, Fabeln, auch fröhliche Gelage, schuf Mitte des 16. Jahrhunderts Hans von Pruch. Ein kleines Stück unterhalb erreichen Sie den Pfarrplatz, auf dem die Bauersleute der Umgebung ihre Erzeugnisse feilbieten. Die **Pfarrkirche St. Veit** wurde im 17. Jahrhundert von Cypriano Biasino auf den Mauern der romanischen St. Veitskirche errichtet. Zahlreiche Künstler wirkten an der Ausgestaltung mit. Die Deckenfresken schuf Martin Johann Schmidt, der »Kremser«. Oberhalb der Pfarrkirche führen Sie die Frauenbergstiege und die Piaristenstiege zur **Piaristenkirche**, an deren Außenwand dioramenartig eingelassene Kreuzwegstationen von 1658 zu sehen sind. Die gotische Kirche wurde im 15. Jahrhundert erbaut. Auffallend sind die großen, mit Maßwerk versehenen Fenster. Viele Altarbilder, auch Mariae Himmelfahrt am Hochaltar, stammen vom Kremser-Schmidt. Wieder zurück am Pfarrplatz, gehen Sie rechts an der Kirche vorbei auf das **Rathaus** zu, das der Stadt 1453 von Ulrich von Dachsberg geschenkt wurde. Betrachtenswert

MUSEEN

Kunst.Halle.Krems
Steiner Landstraße 8
Krems-Stein
Tel. 8 26 69
geöffnet: Di–So 10–18 Uhr, Fr bis 21 Uhr

Weinstadtmuseum
Körnermarkt 14
Tel. 80 15 67
geöffnet: Mi–So 13 bis 18 Uhr, Di 9–18Uhr

Die Wachauerin, ein Terrakottagefäß aus dem Weinstadtmuseum in Krems.

ÜBERNACHTEN

Steigenberger Avance Hotel
Am Goldberg 2
Tel. 7 10 10
Fax 7 10 10 50

Hotel-Pension »Unter den Linden«
Schillerstraße 5
Tel. 8 21 15
Fax 8 21 15 20

Gästehaus Aigner
Weinzierl 49
Tel. 8 45 58
Fax 8 45 58

Gourmethotel Am Förthof
Förthofer Donaulände 8
3504 Krems-Stein
Tel. 8 33 45
Fax 8 33 45 40

Melker Hof
Dr. Karl Schuh
Ferienwohnungen
Steiner Landstraße 23
3504 Krems-Stein
Tel. 7 85 50

ist vor allem der Renaissance-Erker von 1548. Wenn Sie rechts der Schlüsselamtsgasse folgen, stoßen Sie auf den Dominikanerplatz. Der Bau der basilikalen Anlage der ehemaligen **Dominikanerkirche** wurde etwa 1265 beendet. Ein Jahrhundert später folgte der Chor. Während der Reformation und nach der Aufhebung des Klosters 1785 wurde das Gebäude zu allen möglichen Zwecken benutzt. Heute beherbergen die in den sechziger Jahren von Grund auf restaurierten Klosterräume und die weitläufigen Kellergewölbe das **Weinstadtmuseum**, in dem die bedeutenden archäologischen Sammlungen (zum Beispiel die 32 000 Jahre alte »Fanny vom Galgenberg«), die mittelalterlichen Kunstschätze und die volkskundlichen Stücke des Weinbaumuseums der Stadt auf eindrucksvolle Weise präsentiert werden. Der Dominikanerplatz geht in den Körnermarkt über, an dessen Südwestecke das **Mesnerhaus** und das **Haus der vier Jahreszeiten** einander gegenüberstehen. Hier haben zwei Künstler des Spätbarock die Fassaden ihrer Wohnhäuser zum Schauplatz ihres Könnens gemacht. Leopold Michael Perger verzierte sein Haus mit einem

Rechts: Kreuzwegstation an der Piaristenkirche.
Unten: Der Simandlbrunnen.

Stuckrelief des heiligen Nepomuk, während Carl Höfer seinem Haus durch vier die Jahreszeiten symbolisierende Putti den Namen gab. Auf der Schmidgasse gelangen Sie zurück zum **Steinertor**. Vom mittelalterlichen Kern des Tors erkennt man noch die Jahreszahl 1480 und das stolze Monogramm Friedrichs III.: A.E.I.O.U., Austria est imperare orbi universo – Alles Erdreich ist Österreich untertan.

Wer seinen Besichtigungsrundgang am **Kremser Tor von Stein** beginnt, hat in seinem Rücken den Gebäude-

Das Weinkolleg Kloster Und

Das Kloster wurde zu Beginn des 17. Jahrhunderts als Kapuzinerkloster errichtet. Schon 1792, also bald nach seiner Aufhebung im Zuge der Josefinischen Reformen, kamen der Lesehof des Klosters und ein Teil seiner Weinberge in den Besitz der Familie Salomon. Als Schiffsmeister, als Salz- und Weinhändler waren die Salomons zu Einfluß und Vermögen gekommen. Auch mit dem Weinbau, auf den sie sich mehr und mehr konzentrierten, hatten sie Erfolg. Sie führten die Müller-Thurgau-Rebe in Österreich ein, waren die ersten Flaschenabfüller und exportierten ihre Weine bereits vor dem Zweiten Weltkrieg in die USA. Als Österreichs Weinszene den Weinskandal der achtziger Jahre als Chance zu einem Neuaufbruch begriff, beschloß Erich Salomon, aus den seinem Undhof benachbarten Klostergebäuden eine Weinbegegnungsstätte nach dem Muster des Hospice de Beaune zu machen. Er tat sich mit Interessenten zusammen, kaufte und revitalisierte die Klostergebäude und eröffnete 1987 das Weinkolleg. Aus dem ehemaligen Kirchenschiff und dem Kapuzinersaal machte er Veranstaltungsräume, und in den historischen Kellergewölben wurden auf 1000 Quadratmeter Fläche Boxen eingerichtet, in denen über hundert Weine, aus allen Weinbaugebieten Österreichs jährlich neu zusammengestellt, zur Verkostung und zum Erwerb durch die Besucher bereitstehen (siehe Seite 22).

ESSEN

Zum Kaiser von Österreich *
Körnermarkt 9
Tel. 8 60 01
geöffnet: Di–So 11.30 bis 14 Uhr, 18–23 Uhr

Gasthaus Karl Jell
Hoher Markt 8–9
Tel. 8 23 45
geöffnet: Di–Fr 10–14 Uhr, 17–23 Uhr, Sa und So 9–14 Uhr

Restaurant Gozzoburg
Margarethenstraße 14
Tel. 8 52 47
geöffnet: Mi–Mo 11–24 Uhr

Zur Wiener Brücke
Wiener Straße 2
Tel. 8 21 43
geöffnet: täglich 7–24 Uhr

Klosterstüberl
Undstraße 6
Krems-Stein
Tel. 7 57 80
geöffnet: Mi, Do, So 11.30–19 Uhr, Fr und Sa 11.30–22 Uhr

Café Zum Martin
Rathausplatz 2
Krems-Stein
Tel. 8 14 44
geöffnet: Mo–Sa 16–3 Uhr

HEURIGE

(Öffnungszeiten siehe Heurigenkalender)

Anton Zöhrer
Sandgrube 1
Tel. 8 31 91

Josef Pichler
Kellergasse 52
Krems-Stein
Tel. 7 46 27

EINKAUFEN

Wein

Weinkolleg Kloster Und
Undstraße 6
Tel. 7 30 73
geöffnet: täglich 11–19 Uhr

Kommentierte Weinproben und Weinseminare können telefonisch vereinbart werden.

Vinothek beim Steiner Tor
Franz Noitz
Schmidgasse 7
Tel. 7 14 13

Weingut der Stadt Krems
Stadtgraben 11
Tel. 80 14 40

Ingrid und Ewald Walzer
Gneixendorfer
Hauptstraße 16
Tel. 8 71 48

Wolfgang Aigner
Weinzierl 53
Tel. 8 45 58

komplex der größten Strafvollzugsanstalt Österreichs – mit einem versöhnlichen Appendix: Die Ecke Dr.-Dorrek-Straße/Steiner Landstraße wird von der noch jungen, aber wegen ihres anspruchsvollen Konzeptes inzwischen berühmt gewordenen **Kunst.Halle.Krems** eingenommen. Es lohnt sich zu prüfen, ob nicht die gerade laufende Ausstellung einen Besuch wert ist.

Die Grüne Burg, ein ehemaliges Gasthaus, dessen Fassade einst vollständig mit Fresken bedeckt war.

Die Steiner Landstraße, auf der Sie von Krems kommend durch das Kremser Tor die Altstadt betreten, durchzieht die ganze Stadt bis zum Linzer Tor. Sie erschließt nach links drei sich zur Donau hin öffnende Plätze und nach rechts eine Reihe von Aufgängen, Gäßchen und Stiegen, die zu den engen, verwinkelten, der Hanglage folgenden Kellergassen und Winzerhäusern führen, die unmittelbar unter den Rebgärten liegend die Urzelle der mittelalterlichen Stadt bilden. Gleich wenn Sie das Tor durchschritten haben, führt Sie ein kleines Gäßchen rechts zum **Göttweigerhof**, der fünfhundert Jahre lang bis an die Schwelle des 19. Jahrhunderts dem Stift Göttweig als Lesehof diente. Seine

Kapelle, für die Sie den Schlüssel im Kulturamt am Körnermarkt erbitten müssen, wurde mit sensiblen Strichen und in zarten Farben im frühen 14. Jahrhundert von Künstlern ausgemalt, die der Buchmalerei des Klosters St. Florian nahestanden. Unweit davon liegt die heute als Ausstellungsraum dienende ehemalige **Minoritenkirche**. Der Bettelorden baute sie im 13. Jahrhundert, kunstgeschichtlich auf der Schwelle zur Gotik einzuordnen. Zwei zusammengebaute **Salzstadl** von 1579 schließen zur Donau hin den Minoritenplatz ab und erinnern an die Bedeutung Steins im Salzhandel vom Mittelalter bis ins 17. Jahrhundert hinein. Die **Pfarrkirche St. Nikolaus**, rechter Hand zwischen dem Ludwig-von-Köchel- und dem Rathausplatz gelegen, stammt aus dem 15. Jahrhundert und birgt eines der Hauptwerke des Martin Johann Schmidt. Den barocken Turmhelm entwarf Jacob Prandtauer. Über eine Stiege erreichen Sie von hier aus die **Frauenbergkirche**, heute ein Ehrenmal. Ihr Turm bildet zusammen mit dem der Nikolauskirche ein für Stein charakteristisches Ensemble. Lassen Sie sich vom Frauenbergplatz aus rasch noch ein wenig in die verwinkelten Gassen der Oberstadt ziehen. Es ist der älteste Teil von Stein. Unmittelbar dahinter steigen die Rieden des Goldbergs bis auf 318 Meter hinauf. Darunter verläuft der Tunnel der Donauuferbahn.

Nun geht es wieder hinab zur Steiner Landstraße. Umrunden Sie den Rathausplatz mit **Rathaus** und **Nepomuksäule**, ein Siegesmal des Katholizismus über den Protestantismus, der rund zweihundert Jahre lang in den Ortschaften der Wachau für Unruhe gesorgt hatte. Auf dem Weg zum Schürerplatz liegen rechts zwei Renaissancebauten: der gewaltige, zinnengeschmückte **Große Passauer Hof**, seit dem Mittelalter Zehnthof und Gutsverwaltung der Diözese Passau, und das ehemalige **kaiserliche Mauthaus**. Auf der Westseite des Schürerplatzes steht das **Mazzettihaus**. Der Bürgermeister Jacob Oswald von Mayrek baute sich das Stadtpalais 1721. Es zählt zu den bedeutendsten Barockbauten Österreichs. Hier wurde übrigens Ludwig Ritter von Köchel geboren, der Schöpfer des Verzeichnisses der Werke Mozarts. Betrachtenswert auf dem weiteren Weg durch die Steiner Landstraße sind vor allem gleich rechts die **Grüne Burg** mit den Überresten der einst über die ganze Wand verteilten Fresken und schon dicht beim Linzer Tor die spätbarocke Fassade des **Hauses Nummer 122**, in dem von 1756 bis 1801 Martin Johann Schmidt, genannt »der Kremser« (Seite 24), wohnte und arbeitete.

Erich Salomon Undhof
Undstraße 10
Krems-Stein
Tel. 8 32 26

Martin Nigl
Priel 8
3541 Senftenberg
Tel. 0 27 19 / 26 09

Franz Proidl
Oberer Markt 5
3541 Senftenberg
Tel. 0 27 19 / 24 58

Naturkost

Evi's Gute Stube
Pfarrplatz 16
Tel. 8 54 73

Kremser Senf

Nikolaihof
3512 Mautern
Tel. 0 27 32 / 8 29 01

Seit dem 13. Jahrhundert war der Passauerhof Sitz der Gutsverwaltung der Diözese Passau.

Der Kremser-Schmidt

Viele Künstler haben im Laufe der Jahrhunderte in dem gesegneten Landstrich zwischen Melk und Krems ihre Spuren hinterlassen. Aber keiner war mit der Wachau so verbunden, wurde unter den Wachauern selbst so verehrt wie der Barockmaler Martin Johann Schmidt, der Kremser-Schmidt, wie er schon bald nach seinem Tod im Unterschied zu seinem Wiener Namensvetter allenthalben genannt wurde.

Schmidt wurde im Jahre 1718 in Grafenwörth geboren. Sein Vater, Johann Schmidt, war Küfer und hatte sich zu dieser Zeit bereits als Faßbodenschnitzer einen Namen gemacht. Propst Hieronymus Übelbacher (Seite 35) erkannte seine eminente Begabung zur künstlerischen Umsetzung von Skizzen und Entwürfen und beauftragte ihn mit der Ausführung einer Reihe von Skulpturen für den barocken Ausbau des Stiftes Dürnstein nach seinen Ideen. Er verschaffte ihm Wohnung und Werkstatt im Förthof (Seite 32), in den er 1726 übersiedelte. Hier verbrachte Martin Johann seine Jugend, im stetem Kontakt mit den Malern und Kunsthandwerkern auf der Dürnsteiner Stiftsbaustelle. Und hier fiel er auch dem kunstsinnigen und lebensfrohen Propst Übelbacher auf, wenn er Wände und Türen mit Zeichnungen bekritzelte, die er den Meistern abgesehen hatte. Der Propst förderte ihn, und Johann Gottlieb Starmayr wurde sein Lehrer. Das Altarbild des hl. Matthias in der Förthofkapelle ist vermutlich ein Gemeinschaftswerk von Lehrer und Schüler.

Wie Schmidt sich weiter fortbildete, weiß man nicht. Nur ausnahmsweise wird in seinen Bildern deutlich, an welchen Künstlern seiner Zeit er sich orientierte. Die Beschäftigung mit den Hell-Dunkel-Effekten Trogers ist zu erkennen und daß er die Techniken der venezianischen Malerei studiert hatte. Im übrigen aber folgte er einem ganz losgelösten, unverkennbar ihm eigenen Stil.

Bedeutung erlangte Schmidt vor allem in der sakralen Malerei. Aus einer frühen Schaffensperiode stammt die für den Hochaltar bestimmte Darstellung des hl. Nikolaus, des Schutzpatrons der Schiffsleute, in der Pfarrkirche von Stein. Auch die 1756 entstandene Himmelfahrt Mariens in der Kremser Piaristenkirche ist aus dieser Zeit. Den Höhepunkt seines Schaffens markieren Bilder wie die Enthauptung der hl. Katharina in der Dürnsteiner Stiftskirche oder die Bilder der hl. Familie und des hl. Sebastian, die in der Kirche von Hofarnsdorf zu sehen sind. Das Spätwerk schließlich aus den achtziger und neunziger Jahren des 18.Jahrhunderts wird in den Altarbildern der Kirchen von Loiben (hl. Quirinus), Wösendorf (hl. Florian, Kreuzigung, Tod des hl. Josef) und Spitz (hl. Mauritius) deutlich.

Zahlreiche grafische Arbeiten und eine Reihe von Genrebildern des Meisters zeigen das Weinstadtmuseum in Krems und das Wachau-Museum in Weißenkirchen (Seite 38).

Schmidt war 37 Jahre alt, als er in Stein das Haus Steiner Landstraße 122 kaufte, in dem er bis zu seinem Lebensende 1801 wohnte und umgeben von zahlreichen Gehilfen arbeitete. Als wohlhabender Bürger, der nebenbei auch einen schwunghaften Weinhandel betrieb, nahm er am öffentlichen Leben der Doppelstadt Krems-Stein lebhaften Anteil: Er besuchte die Ratssitzungen, entwarf Zunftfahnen (die im Weinstadtmuseum Krems zu sehen sind) und genoß als Akademiemitglied Innungs- und Gewerbesteuerfreiheit.

Auf dem Friedhof zu Stein liegt Martin Johann Schmidt, der Maler des barocken Donaulandes, begraben.

Besuch im Kremstal: Senftenberg

Es bedarf des Insiderhinweises von Pfarrer Denk, dem viel zitierten Weinpriester aus Albrechtsberg, nicht mehr. Unter Weinfreunden hat es sich (leider?) bereits herumgesprochen: Einige der schönsten Weißweine Österreichs kommen aus Senftenberg. Dies allein wäre schon Grund genug, dem Kremstal einen Besuch abzustatten. Aber es gibt der Gründe mehr. Optimisten, die darauf vertrauen, den Ausnahmewinzern Martin Nigl oder Franz Proidl noch den einen oder anderen Sechser-Karton abschwatzen zu können, nehmen das Auto. Genießer, die sich überraschen lassen wollen, fahren von Krems aus mit dem Rad (aus dem Stadtgebiet führt ein gemeinsamer Fuß- und Radlweg östlich der Krems bis nach Rehberg, von wo aus die Straße benutzt werden muß) oder wandern von Stein aus auf dem Waldviertler Weitwanderweg 606 in etwa drei Stunden zum Zielort.
Wenn Sie die Frauenbergstiege an der Steiner Pfarrkirche emporsteigen, stoßen Sie jenseits des Rebentors auf die Wegtafel nach Senftenberg. Folgen Sie der Wegweisung (rot-weiß-rot) durch die Weinberge hinauf zur Donauwarte (450 Meter). Sie haben bei klarem Wetter von hier aus einen der schönsten Fernblicke über den Dunkelsteiner Wald bis zur Alpenkette hinunter. Weiter geht es auf dem mit 06 und roter Markierung bezeichneten Weg über Egelsee zur Schießstätte und zum Forsthaus Waldhof, schließlich hinab nach Senftenberg (276 Meter).

Ausgangsort:
KREMS BZW. STEIN

Zielort:
SENFTENBERG

Länge:
8 KM

Voraussichtliche Dauer des Ausflugs:
1 TAG
1/2 TAG
1/2 TAG

Burgruine Ehrenfels.

Gotische Hallenkirche in Imbach.

Der Weinort, zu dem auch Imbach und Priel gehören, wird beherrscht von der eindrucksvollen Burgruine Ehrenfels. Sie hatte zusammen mit der unter ihr liegenden Wehrkirche einstmals die Aufgabe, das südlich anmutende, vom Weinbau geprägte untere Kremstal und die Stadt Krems selbst gegen Norden hin abzuschirmen. Die Veste fiel, ebenso wie die Burg Dürnstein, den gegen Ende des Dreißigjährigen Krieges abziehenden Schweden zum Opfer. Sehen Sie sich in dem Marktflecken um. Zahlreiche Hauerhäuser, vor allem auch das Sgraffitohaus zeugen vom weit zurückreichenden bürgerlichen Wohlstand. In Imbach, 2 1/2 Kilometer in südöstlicher Richtung gelegen, steht die wohl älteste zweischiffig angelegte gotische Hallenkirche Österreichs. Sie wurde um 1280 aus den Steinen der Burg Imbach erbaut, die von ihren Besitzern dem Orden der Dominikanerinnen übereignet worden war. Die Renaissanceorgel im Inneren der Kirche ist eine Rarität. Für den Rückweg nach Krems fahren Sie, wie Sie gekommen sind. Die Wanderer benutzen den Bus.

Charakteristisch für Stein: die Türme der Frauenbergkirche und der Pfarrkirche St. Nikolaus.

Auf dem Tausendeimerberg von Spitz.

Sehen und verstehen

Der Wein

Wer per Schiff auf der Donau kommend über Spitz hinaus nach Krems die Wachau durchfährt, ist überwältigt von der Schönheit dieser Landschaft. Farben prägen die weichen Mulden zwischen den felsigen Hängen: hauchzartes Rosa und Weiß im Frühjahr – die Marillenblüte, wogendes Grün rechts und links im Sommer und brennendes Bunt zur Zeit der Lese – der Wein. Die Marillen sind zwar schon seit langem daheim in der Wachau, wurden großflächig aber erst in den dreißiger Jahren ausgepflanzt. Sie sollten den tiefen Einbruch abfedern, den die Reblausplage mit sich gebracht und der die Winzer fast in den Ruin getrieben hatte. Wein aber wächst hier schon seit der Zeit der Kelten und Römer, also seit zweitausend Jahren. Hier findet insbesondere der Weißwein Anbaubedingungen wie sonst nirgends in Europa.

Die Donau zwängt sich zwischen Melk und Krems durch eine Bruchspalte im uralten Gesteinsblock der Böhmischen Masse. Die Felsstürze zu ihren Seiten bestehen aus Urgesteinen wie Gneis, Granit und Schiefer. Verwittert, zum Teil bedeckt von weither getragenem Löß, bildet dieses karge Material den Boden der zum Fluß hin abfallenden Senken und Gräben. Durch diese Gräben hindurch fließt des Nachts feuchte, sauerstoffreiche Kaltluft von den Höhen des Waldviertels und des Dunkelsteiner Waldes und stößt dabei auf die warmen Luftmassen, die von Osten her als Zunge der pannonischen Klimazone in das Wachauer Tal hineinlecken. So entsteht eine ständige Luftzirkulation, die die Trauben vor Fäulnisbildung schützt, ihre Bukettausbildung günstig beeinflußt und im Zusammenwirken mit den Urgesteinsböden den einzigartigen Charakter des Wachauer Weins ergibt. Vor allem die Berglagen, deren Terrassen bis auf 450 Meter emporsteigen und deren Rebstöcke dem Boden nur bescheidene Erträge abtrotzen, erbringen die geschmacklich dichtesten und erstaunlich langlebigen Rieslinge und Grünen Veltliner der Wachau.

Wen wundert es, daß in der relativen Ruhe, die nach dem Abklingen der Völkerwanderung und dem Zurückdrängen der Awaren und später der Ungarn in der Ostmark eintrat, vor allem die Klöster danach trachteten, sich hier ihren Weinbedarf durch entsprechende Besitzungen zu sichern (Seite 12f). Sie prägten mit ihren Lesehöfen nicht nur die Ortsbilder, sondern gaben schon im 12. Jahrhundert mit der Anlage der Trockensteinterrassen auch der Landschaft ihr bis heute fortdauerndes Bild. Selbst die Sozialstruktur der Wachauer Bevölkerung beruht zu einem gewissen Teil auf der privilegierten Stellung, die die für die Klöster tätigen Winzer im Laufe der Jahrhunderte erlangten. Aber erst in unserem Jahrhundert konnten viele Winzerfamilien die Rebgärten als Eigentum erwerben, die sie zum Teil schon seit Generationen in Zweidrittel-Pacht bewirtschafteten. Das war eine Pachtform, bei der sie ein Drittel ihrer Erträge an den Grundherrn abzuführen hatten und zwei Drittel selbst vermarkten konnten.

Des gewaltigen Potentials, das die südexponierten Terrassenlagen ihrer Weingärten bargen, mochten sich die Wachauer Winzer wohl bewußt sein. Aber nicht immer konnten sie dieses Wissen auch umsetzen. So lag in Österreich wie in anderen Ländern auch nach dem letzten Krieg die Weinkultur darnieder. Man kaufte den Heurigen im Doppler dort, wo er am billigsten war. Erst in den sechziger Jahren machten sich einige weitblickende Winzer (Seite 42f) von den Zwängen des Marktes frei und formten ihre Weine so, wie sie sie als wachautypisch empfanden. Auch das Massenwein-Image schüttelten sie ab, als es Franz Hirtzberger sen. gelang, für die Wachau den Status eines abgegrenzten Weinbaugebietes zu erlangen (Seite 42). Aber erst mit der Gründung der Schutzgemeinschaft *Vinea Wachau Nobilis Districtus* (Seite 39) im Jahre 1983, also noch vor der gründlichen Erneuerung des österreichischen Weingesetzes mit seinen heilsamen Folgen, begann der unaufhaltsame Aufstieg des Wachauer Weißweins in die Spitze der internationalen Weinszene. Unter den zwanzig besten Weingütern Österreichs befinden sich nach Gault Millau allein neun Betriebe in dieser Region. Mit 1450 Hektar Rebfläche ist die Wachau zwar eines der kleinsten Weinbaugebiete Österreichs, zugleich aber auch sein bedeutendstes. *Nobilis districtus* nannte der Kuenringer Leuthold I. seinen Wachauer Weinbergsbesitz. Nobilis districtus. So war es zu seiner Zeit, und so ist es bis heute geblieben.

Bildstock beim Ried Klaus.

Ausgangsort:
FÖRTHOF

Zielort:
SPITZ

Länge:
17 KM

Voraussichtliche Dauer des Ausflugs:

2 TAGE

2 TAGE

3 TAGE

Von Förthof bis Spitz

über Unterloiben, Oberloiben, Dürnstein, Weißenkirchen, Joching, Wösendorf und St. Michael

Abstecher:

OBERRANNA

Wanderungen von Förthof bis Spitz

Weingenuß mit allen Sinnen

Wer »die Wachau« im Schnellgang machen wollte, würde wohl, wenn er morgens in Krems sein Auto bestiege, keine Schwierigkeiten haben, nach Erledigung aller hier genannten Sehenswürdigkeiten am Abend wieder in seinem Hotel zu sein. Die vom Bustourismus zu bestimmten Zeiten okkupierte Kernwachau von Förthof bis Spitz, erschlossen von der Bundesstraße 3, ist gerade eben 17 Kilometer lang. Kennengelernt hätte dieser Besucher die Wachau nicht.

Der Genießer erlebt die Wachau mit den Sinnen. Er sieht zu, wie der Wein wächst, probiert ihn in den zahlreichen Heurigen, fachsimpelt, wenn sie Zeit haben, mit den Winzern, läßt sich gegen ein kleines Entgelt hier eine Kirche, dort die Ausstellungsstücke eines Museums zeigen und ihre Geschichte erzählen, sitzt futternd und schlürfend beim Heurigen oder auf einer der Gasthausterrassen und träumt in die hinter den Burgen untergehende Sonne. Der Genießer wählt die sanfte Tour. Er

Blick vom Weinwanderweg über die Donauauen zurück auf Dürnstein und Göttweig.

geht zu Fuß. Wandervorschläge durch die Weinberge, die Rieden der Wachau finden Sie in jedem Ort und in vielen Hotels und Pensionen. Von jedem Ort bringt Sie die im Zweistundentakt fahrende Donauuferbahn wieder zu Ihrem Domizil. Besorgen Sie sich den kleinen Faltfahrplan der Kremser Bank.

Förthof erreichen Sie, kurz nachdem Sie Stein verlassen haben, über die Bundesstraße 3 oder vom Bahnhof Stein-Mautern aus. Hier lebte und arbeitete zur Zeit des Umbaus der Dürnsteiner Stiftsanlage (Seite 34f) der Bildhauer Johann Schmidt, Vater des »Kremser-Schmidt« (Seite 24), von dem in der stillen Förthofkapelle das Altarblatt des hl. Matthias zu sehen ist. (Den Schlüssel erbitten Sie im Haus Nummer 9.)

Auf schmaler Felsterrasse über der Donau liegt Dürnstein.

Ein kleines Stück weiter beginnt mit der Riede Rothenhof das nordseitig der Donau gelegene Weinbaugebiet der Wachau.

Unterloiben und **Oberloiben**, die beide zur Gemeinde **Dürnstein** zählen, kuscheln sich in ihre berühmten Weinberge, die hinter der Bahnlinie zu steilen Terrassen werden. Angesichts der säuberlich ausgerichteten Pracht fällt es schwer, sich vorzustellen, daß in diesem Rund von Donauschleife und Gestein vor noch nicht zweihundert Jahren eine Schlacht tobte, in der zusammen mit einem napoleonischen Heer die Loibendörfer und ihre Rieden in Grund und Boden geschossen wurden. An der alten Wachauer Straße erinnert das **Franzosendenkmal** mit einer Inschrift in deutscher, französischer und russischer Sprache an den November 1805.

Der Besucher dieser Weindörfer sollte einen Blick in die merkwürdig unter zwei Dächern stehende **Pfarrkirche** von Unterloiben tun. Sie stammt aus dem 14. Jahrhundert. Den Hochaltar ziert ein Bild des Kremser-Schmidt, die Enthauptung des hl. Quirin. Und wer nicht gerade an einem Wochenende der Hochsaison in den Garten tritt, sollte unbedingt einmal unter den Obstbäumen des »Loibnerhofes« probiert haben, was

Die Freien Weingärtner

Ob sie sich selbst als »das größte Weingut Österreichs« bezeichnen oder von der internationalen Presse gelegentlich »die beste Winzergenossenschaft der Welt« genannt werden – es läuft auf das gleiche hinaus: Traditionsgegründete Spitzenqualität ist die erklärte und immer wieder gemeinsam beschworene Zielsetzung sowohl der achthundert Genossenschaftsmitglieder als auch der beiden jungen Geschäftsführer Miesbauer und Klinger und ihres inzwischen legendären Vorgängers Wilhelm Schwengler.

Der Stolz und das Engagement der Genossen lassen sich erklären. Der Besitz der einzelnen Mitglieder, häufig kleine und kleinste Parzellen, beruht auf Weingärten, die die Familien zum Teil schon seit Hunderten von Jahren in Drittelpacht bewirtschafteten: Ein Drittel der Ernte ging an den Grundherrn, zwei Drittel behielt der Pächter. Erst in den dreißiger Jahren unseres Jahrhunderts, als Ernst Rüdiger von Starhemberg aus wirtschaflichen und politischen Gründen seine bereits seit 1663 im Familienbesitz befindlichen Weingärten in den besten Lagen der Herrschaften Dürnstein und Thal Wachau verkaufte, erwarben viele der Pächter ihre Weingärten endlich zu eigen. Damals, 1938, entstand die Genossenschaft, die heute mit stolzen 565 Hektar Weingärten rund 40 Prozent der gesamten Rebfläche der Wachau repräsentiert.

Um den leichten Weinen ihre aromatische Frische zu erhalten und um Lagenweine getrennt erfassen zu können, erfolgen Annahme und Pressung der Trauben in der Nähe der Rebgärten. Für den Ausbau der Weine wird der dreihundert Jahre alte Keller des Dürnsteiner Chorherrenstifts genutzt, der unter dem barocken »Kellerschlössl« seines sinnenfrohen Propstes Übelbacher (Seite 35) liegt und in dem in den fünfziger Jahren die Altkanzler Figl und Raab mit den Sowjets den österreichischen Staatsvertrag aushandelten. In diesem größten Holzfaßkeller Österreichs mit einer Stollenlänge von annähernd tausend Metern können 110 000 Hektoliter Wein, die Menge von drei Ernten, gelagert werden.

Um die verwirrende Fülle unterschiedlicher Lagen, Sorten und Qualitäten für den Weinfreund ein wenig übersichtlicher zu machen, haben die Freien Weingärtner eine Art Hierarchie in ihr Angebot gebracht. Ganz oben in der Qualitätspyramide stehen die Einzellagen-Weine. Sie

Das Kellerschlössl.

sollen das Terroir der Toplagen wie zum Beispiel Tausendeimerberg, Achleiten, Vorderseiber, Kellerberg oder Loibenberg optimal zum Ausdruck bringen. Die Serie Terrassen Thal Wachau verzichtet auf Lagenbezeichnungen und besteht aus hochklassigen Assemblagen, in denen der jeweils wachautypische Sortencharakter herausgearbeitet wird. Die Collection Wilhelm Schwengler mit den unverwechselbaren Schwengler-Etiketten ist als preiswerte Linie für den Lebensmittelhandel gedacht, und unter dem Rubrum Wachauer Klassiker laufen einige altbeliebte Marken, die man der Fangemeinde wegen noch immer im Programm hat.

TIPS & INFOS
Ausführliche Informationen finden Sie auf Seite 110ff.

DÜRNSTEIN

6 km von Krems
Einwohner: 1000
Höhe: 209 m ü. d. M.
Postleitzahl: 3601
Vorwahl: 0 27 11

Informationen

Stadtgemeinde Dürnstein/Wachau
Tel. 219

Josef Knoll mit genialer Einfühlung aus der bodenständigen Küche macht. Hier findet man auch noch die eine oder andere Flasche älterer Jahrgänge aus dem Keller seines berühmten Vetters Emmerich Knoll, der auf den Urgesteinsrieden hinter dem Dorf mit Hilfe von Setzlingen sechzigjähriger Rieslingstöcke den ursprünglichen Wachauer Rieslingcharakter zu erhalten sucht.

Auf dem Weg nach **Dürnstein**, kurz nach dem Franzosendenkmal, liegen rechter Hand die Kellereigebäude der »Freien Weingärtner Wachau«, der in jeder Hinsicht singulären Winzergenossenschaft dieses an Superlativen reichen Weinbaugebietes (Seite 33). Wein- und Barockfreunde sollten eine Führung durch die ausgedehnten Keller der Freien Weingärtner und eine Probe im »Kellerschlössl«, dem von Jakob Prandtauer im Auftrag von Propst Hieronymus Übelbacher 1715/1716 entworfenen Barockjuwel, nicht versäumen. Nach Dürnstein hinein gelangen Sie auf der alten Wachauer Straße von Osten kommend durch das Kremser Tor. Mit dem Auto allerdings nur, wenn Sie aufpassen und nicht im Tunnel der Bundesstraße 3 unter der Stadt hindurchfahren. Auch sonst muß das Auto vor der Stadt bleiben. Es sei denn, Sie haben in einem der Dürnsteiner Hotels gebucht. Die Stadt verfügt nämlich, wenn man von ein paar Stiegen und Durchgängen absieht, nur über eine einzige Straße, die stolz Hauptstraße genannt wird. Auf ihr gelangt man, nach links in Richtung Donau abbiegend, zu dem 1289 vom Geschlecht der Kuenringer gestifteten und zur Zeit der Reformation von den Nonnen verlassenen **Klarissenkloster**. Von ihm sind nur noch die eindrucksvollen Kirchenmauern und der Chor erhalten. Die Kirche nützte das benachbarte Augustiner-Chorherrenstift im 18. Jahrhundert als Lagerhaus und Weinkeller. Kreuzgang und Klosterräume wurden überbaut. In diesem stimmungsvollen Ambiente befindet sich heute das Romantikhotel »Richard Löwenherz«. Und in der Apsis der ehemaligen Kirche mit Fresken aus dem 13. Jahrhundert hat der ehemalige Leiter der Freien Weingärtner, der als Landschaftsmaler bewunderte Wilhelm Schwengler, sein Atelier.

Mauerreste des Klarissenklosters im Garten des Hotels »Richard Löwenherz«.

Ganz anders das **Augustiner-Chorherrenstift**. Es erstrahlt, frisch renoviert und wegen seines ungewöhnlich blauen Turms von den Dürnsteinern kontrovers diskutiert, in neuem Glanz. Das Kloster entstand 1410 aus einer Stiftung der Elsbeth von Wallsee, Tochter eines der letzten Dürnsteiner Kuenringer. Von seiner ursprünglich gotischen Anlage ist nur mehr wenig zu sehen. Auf den alten Mauern realisierte Propst Hieronymus Übelbacher in den Jahren 1715 bis zu seinem Tod 1740 das architektonische Abbild seines barocken Weltverständnisses. Mit genialem Einfühlungsvermögen in ihre künstlerischen Potentiale führte er die Entwürfe so herausragender Künstler wie Jakob Prandtauer, Mathias Steinl und Josef Munggenast zusammen und machte sie dem theologischen Konzept, das er dem Bauwerk unterlegt hatte, dienstbar: Eine Fülle von Symbolen geleitet den Gläubigen vom Portal bis zum Altar auf seinem Weg aus der Welt zu Gott. Und selbst der blaue Turm steht für den Finger des Gebets, der in die Ewigkeit weist. Die Stadt bietet ihren angemeldeten Gästen kostenlose Führungen an. Erkundigen Sie sich. Sie lernen die Symbolsprache deuten und werden auf viele, dem ersten Blick verschlossene, Kostbarkeiten aufmerksam gemacht. Auch auf ein paar liebenswürdige Details – zum Beispiel das von Antonio Galli Bibieno wie eine

ÜBERNACHTEN

Hotel Schloß Dürnstein **
Dürnstein 2
Tel. 212
Fax 351

Romantikhotel »Richard Löwenherz« *
Dürnstein 8
Tel. 222
Fax 2 22 18

Gasthof »Sänger Blondel«
Dürnstein 64
Tel. 253
Fax 25 37

ESSEN

Richard Löwenherz
Dürnstein 8
Tel. 222
geöffnet: April–Okt. täglich

Gasthof »Sänger Blondel«
Dürnstein 64
Tel. 253
geöffnet: März–Nov., Di–Sa durchgehend, So bis 16 Uhr; Nov. Samstag und Sonntag

Goldener Strauß
Dürnstein 18
Tel. 267
geöffnet: März–Dez., Mi–Mo 10–22 Uhr

Loibnerhof *
Unterloiben 7
Tel. 0 27 32 / 82 89 03
geöffnet: März–Dez., Mi–So 11.30–21.30 Uhr

Wachauerstuben
Unterloiben 24
Tel. 0 27 32 / 8 59 50
geöffnet: Do–Di 9–23 Uhr, So bis 18 Uhr

Strandpromenade von Dürnstein.

HEURIGE

(Öffnungszeiten siehe Heurigenkalender)

Alter Klosterkeller
Dürnstein
Tel. 292

Christine Weixelbaum
Dürnstein 52
Tel. 422

Fam. Mag. Karl Brustbauer
Oberloiben 2
Tel. 0 27 32 / 8 73 00

EINKAUFEN

Wein

Freie Weingärtner Wachau / Kellerschlössl
Dürnstein 107
Tel. 371
Führungen mit Probe: April bis Okt. Di und Do 14.30 Uhr (telefonisch anmelden)

F. X. Pichler
Oberloiben 27
Tel. 0 27 32 / 8 53 75

Emmerich Granner
Oberloiben 19
Tel. 0 27 32 / 7 17 54

Emmerich Knoll
Unterloiben 10
Tel. 0 27 32 / 7 93 55

Leopold Alzinger
Unterloiben 11
Tel. 0 27 32 / 7 79 00

Tegernseerhof
Franz Mittelbach
Unterloiben 12
Tel. 0 27 32 / 8 53 62

WG Dinstlgut Loiben
Unterloiben 51
Tel. 0 27 32 / 8 55 16

Richard Löwenherz und sein Sänger

Nicht nur für die Kaufleute des Mittelalters stellte die Donau die ideale Ost-West-Verbindung dar. Auch die Kreuzfahrer benutzten auf ihren Wegen ins Heilige Land und zurück in die jeweilige Heimat das Donautal. Das wurde König Richard Löwenherz zum Verhängnis. In Akkon hatte es ehrenrührigen Streit gegeben zwischen ihm und Herzog Leopold V., dem Babenberger. Sicher ging es nicht nur um die beleidigende Herabsetzung von Fahnen und Ehrenzeichen. Richard wird Leopold wohl auch seinen Anteil an der Beute streitig gemacht haben. Hinzu kam, daß halb Europa seinerzeit zerstritten war, und es gab die unterschiedlichsten Allianzen in den Auseinandersetzungen der Engländer mit den Franzosen, der Staufer mit den Welfen. Wie auch immer: Leopold gelang es, Seiner Hoheit des Königs von England trotz allerlei Mimikrys auf seinem Rückmarsch in Wien habhaft zu werden und ihn seinem Ministerialen Hadmar II. von Kuenring zu strenger, aber ritterlicher Haft auf Burg Dürnstein anzuvertrauen. Das war kurz vor Weihnachten 1192. Und es war sicherlich hübsch kalt da oben. Schon Anfang Januar 1193 sollte Richard in Regensburg an Kaiser Heinrich VI. übergeben werden. Aber man konnte sich nicht über die Bedingungen einigen. Und so zog Leopolds Truppe mit dem königlichen Gefangenen durch Eis und Schnee wieder zurück nach Dürnstein. Als des Herzogs Anteil am zu erwartenden Lösegeld endlich feststand, wurde Richard nach Burg Trifels im Pfälzischen überstellt. Hier mußte er noch ein gutes Jahr königlich schmachten, bis seine seufzenden Untertanen die 150 000 Mark Silber, immerhin 35 000 Kilogramm des Edelmetalls, zusammengebracht hatten. Leopold baute mit dem Geld seine Ostgrenze aus, und Hadmar wird seinen Anteil wohl auch nutzbringend angelegt haben. Und was war mit Blondel? Er taucht, bezogen auf Trifels, in einer Reimser Chronik im 13. Jahrhundert erstmals auf und mag einer jener Troubadoure gewesen sein, die dem König auf der pfälzischen Burg die Langeweile vertrieben haben. Die romantische Ballade von Johann Gabriel Seidl, »Blondels Lied«, aber öffnete die Herzen der ersten Touristen und korrespondierte aufs innigste mit ihrem Bild von der Wachau.

Theaterkulisse gestaltete Heilige Grab –, die die ganze Herrlichkeit, Gott sei Dank, wieder zurückführen auf den Boden menschlicher Dimensionen. So widerfuhr es dem Stift auch selbst. Die Aufklärung hatte für kontemplatives Leben keinen Sinn. Bereits fünfzig Jahre nach seinem barocken Aufblühen wurde das Stift wie viele andere im Land von Kaiser Josef II. aufgehoben, sein Besitz veräußert und seine Kirche dem Augustiner-Chorherrenstift Herzogenburg als Pfarrkirche zugeordnet.

Verlassen Sie die Stadt noch nicht. Steigen Sie in zwanzig Minuten zur **Ruine Dürnstein** hinauf, die so unnahbar und geheimnisträchtig oberhalb der Stadt thront. Ein phantastischer Blick über das Donautal erwartet Sie. Die Burg wurde 1130 von Hadmar I. aus dem Geschlecht der Kuenringer (Seite 80f) errichtet. König Richard Löwenherz wurde hier gefangengehalten (Seite 36). Und als sie schon längst in andere Hände übergegangen und nahezu funktionslos geworden war, wurde sie im Dreißigjährigen Krieg von einem schwedischen Kriegerhaufen 1645 gesprengt.

Werfen Sie auf dem Rückweg, bevor Sie beim Kremser Tor wieder die Hauptstraße betreten, noch einen Blick auf die Reste der **Kunigundenkirche** und öffnen Sie sich im düsteren Gemäuer des zweigeschossigen **Karners** für eine Weile den mittelalterlichen Eindrücken dieses Ortes der Vergänglichkeit.

Schlendern Sie dann die Hauptstraße hinauf, vorbei an den jahrhundertealten Fassaden bürgerlichen Wohlstands bis zum **Neuen Schloß**, das trotz seiner Umgestaltung zu einem modernen Hotel seinen Renaissancecharakter bewahrt hat. Hier auf der Terrasse bei einem Glas Wein und mit Blick auf das Donautal kann es an einem lauen Sommerabend geschehen, daß Ihr romantischer Traum von der Wachau Wirklichkeit wird.

Die alte Herrschaft Dürnstein verlassen Sie auf dem Weg nach Westen am Watstein. Das ist der zwischen

Backwaren und Süßigkeiten

Franz Schmidl
Bäckerei und Café-Konditorei
Hauptstraße in Dürnstein
Tel. 224

Weingut Johann Schwarz
Dürnstein 113
Tel. 280

Portal des Augustiner-Chorherrenstifts: Pforte auf dem Weg zu Gott.

TIPS & INFOS

Ausführliche Informationen finden Sie auf Seite 132ff.

WEISSENKIRCHEN

11 km von Krems
Einwohner: 1600
Höhe: 206 m ü. d. M.
Postleitzahl: 3610
Vorwahl: 0 27 15

Informationen
Gemeindeamt Weißenkirchen 32
Tel. 22 32

MUSEUM

Wachau-Museum
Teisenhoferhof
Tel. 22 68
geöffnet: Anfang April–Ende Oktober Di–So 10–17 Uhr

ÜBERNACHTEN

Unsere Adreßempfehlungen finden Sie auf Seite 132.

ESSEN

Restaurant Heinzle *
Wachaustraße 280
Tel. 22 31
geöffnet: Mai–Okt. Di–So, Nov.–April Mi–So 11–21 Uhr

Kirchenwirt
Kremser Straße 17
Tel. 23 32
geöffnet: Mo–Sa 11–22 Uhr

Wein & so
im Raffelsbergerhof
Tel. 22 01
geöffnet: täglich 16–1 Uhr

Dürnstein und Weißenkirchen bis zur Donau vorspringende Felsen. Über sechshundert Jahre hin nannte man das Gebiet von hier bis zur nächsten Felsbarriere oberhalb St. Michael das »Thal Wachau«. Heute ist es das Gemeindegebiet von Weißenkirchen.
Schon von weitem sieht man in dieser sanft geschwungenen Kulisse das wehrhaft herausragende Wahrzeichen des Marktes, dem **Weißenkirchen** seinen Namen verdankt: die im Gegensatz zu den ursprünglichen Holzkirchen aus hell leuchtenden Steinen erbaute **Pfarrkirche**. Vom Ortsmittelpunkt aus, einem dem Teisenhoferhof vorgelagerten Plätzchen, führt über 76 Stufen eine schindelgedeckte Treppe zu der Wehranlage hinauf, die die Weißenkirchner 1531 zum Schutz gegen die allenthalben marodierenden Türken um die Kirche herum errichtet hatten. Im Innern der Kirche beeindruckt eine Schutzmantelmadonna, die der Donauschule zugerechnet wird. Unmittelbar zu Füßen der Kirche entstand im 15. Jahrhundert hinter festungsartigen Mauern einer der schönsten Laubenhöfe, den die Wachau zu bieten hat: der nach seinem Erbauer so genannte **Teisenhoferhof**. In seinen Räumen beherbergt er das mit einigen Gemälden aus dem 19. und 20. Jahrhundert und vom Kremser-Schmidt sowie mit einigen heimatkundlichen Stücken ausgestattete **Wachau-Museum**. In anderen Räumen werden Weinseminare und Verkostungen angeboten. Auch die alljährliche Wachauer Smaragdverkostung wird hier veranstaltet. (Auskunft erteilt das Gemeindeamt.)
Im Weiterziehen lohnt ein Bummel durch den Ort. Prachtvolle Bürgerhäuser, Hauerhöfe und Kellergassen

Blick auf Weißenkirchen.

Vinea Wachau Nobilis Districtus

Begonnen hatte es wohl 1963. Damals war es Franz Hirtzberger gelungen, für das Gebiet der Wachau den Status eines abgegrenzten Weinbaugebietes durchzusetzen. Aber es sollten noch zwanzig Jahre frustrierender Markterfahrungen ins Land gehen, bis der Boden bereitet war, auf dem die Vorstellungen Wilhelm Schwenglers gedeihen konnten: der Zusammenschluß Wachauer Winzer zu einer der Qualität und dem Kulturerbe verpflichteten Marketing-Gemeinschaft. Zusammen mit seinen Freunden und Mitstreitern Franz Hirtzberger aus Spitz, Josef Jamek aus Joching und Franz Prager aus Weißenkirchen (Seite 42f), gründete er 1983 den Schutzverband Vinea Wachau Nobilis Districtus mit dem Ziel, der Region nach außen eine unverwechselbare Identität und nach innen einen förderlichen Qualitätskodex zu geben. Vierzig Gründungsmitglieder fanden sich. Heute tragen die Erzeugnisse von rund zweihundert Winzern, das sind die Weine von 85 Prozent der Gesamtrebfläche, die Schutzmarke des Verbandes zum Zeichen, daß sie den strengen Regeln entsprechend ausgebaut sind und den verbandsinternen Qualitätskontrollen standhalten.

In den folgenden Jahren einigte man sich auf die Normen für drei gebietstypische Weinkategorien, deren Namen in der Tradition der Wachau verankert sind: Steinfeder, Federspiel und Smaragd.

Steinfeder steht für die leichten, duftigen Weine, deren Alkoholgehalt 10,7% vol. nicht überschreitet. Man trinkt sie an Sommerabenden im Freundeskreis oder zu leichten Speisen, kalten Platten oder Schalentieren. Der Name leitet sich ab von der einheimischen Bezeichnung für die Stipa pennata, das Federgras, das auf den steilen Weinbergen wächst und mit dem sich die Burschen den Trachtenhut schmücken.

Federspiel heißen die Weine der folgenden Kategorie mit einem maximalen Alkoholgehalt von 12% vol. Sie sind nur in guten Lagen zu erzeugen und zeigen mit ihrer fruchtigen Eleganz und charaktervollen Dichte vielleicht am ehesten ihr Herkommen und die Handschrift des jeweiligen Winzers. Sie sind die idealen Begleiter für die verfeinerten Gerichte ländlicher Küche. Federspiel ist ein Begriff aus der Falknerei, die in der Wachau beliebt und verbreitet war.

Smaragd ist die Bezeichnung für die anspruchsvollsten Weine der Wachau, der ganze Stolz und Leistungsausweis ihrer Erzeuger. Ihr Alkoholgehalt beträgt 12% vol. und mehr, je nachdem, bei welcher Marke die Gärung zum Stillstand kam. Insbesondere Rieslinge dieser Kategorie sind in jungen Jahren häufig ein wenig ruppig und schwer zugänglich. Sie entfalten aber mit zunehmender Reife eine nirgendwo sonst erreichte Komplexität und charakteristische Aromafülle. Ihre Lagerfähigkeit ist legendär.

Von der seltenen Smaragdeidechse, die in den sonnendurchglühten Trockenterrassen lebt, bezieht der Smaragd seinen Namen.

Gasthof & Weingut Jamek
Joching 45
Tel. 22 35
geöffnet: März–Nov.
Mo–Do 11–16 Uhr,
Fr und Sa 11–21 Uhr

Holzapfel's Prandtauerhof
Joching 36
Tel. 23 10
geöffnet: Di–Sa 16 bis
21.30 Uhr

Florianihof
Wösendorf
Tel. 22 12
geöffnet: Fr–Di 11.30 bis
14 Uhr, 18–21.30 Uhr

Gasthaus Schwarz
3521 Nöhagen 13
Tel. 0 27 17 / 82 09
geöffnet: April–Okt. Mi–So,
Nov.–April Fr–So
Tischreservierung empfohlen

HEURIGE

(Öffnungszeiten siehe Heurigenkalender)

Ilse Mazza
Weißenkirchen 124
Tel. 23 00

Johann und Monika Schmelz
Weinbergstr. 14
Joching
Tel. 24 35

Rudolf Pichler
Wösendorf 38
Tel. 22 67

künden von einem Wohlstand, der auch über Krisenzeiten hinweg in der Schiffahrt (Seite 47ff), im Holzhandel und natürlich im Weinbau (Seite 28f) Jahrhunderte hindurch Nahrung fand. Die Weißenkirchener verstanden es darüber hinaus, sich durch die Finanzierung einiger Unternehmungen ihres Landesherrn Privilegien, zum Beispiel im Salzhandel, zu verschaffen, die ihnen zusätzlichen Reichtum und entsprechende Unabhängigkeit bescherten. Bezeichnete Wanderwege führen aus der Ortsmitte hinauf zum Cholerakreuz oder über den Vorderseiber zur oberen Begrenzung der Rebbepflanzung. Der Blick, der sich von hier oben bietet und der das Donautal von den gegenüberliegenden Arnsdörfern bis Göttweig umfaßt, ist unvergleichlich. Dieses Panorama dürfen Sie sich nicht entgehen lassen, selbst wenn Sie mit dem Auto auf der Straße nach Ottenschlag bis zum Aussichtsplatz am Waldrand fahren müßten.

Einen Abstecher ins acht Kilometer entfernte **Nöhagen** sollte der Weinfreund unbedingt einplanen. Man nimmt aus der Ortsmitte bergauf die Straße Richtung Albrechtsberg. Am Ortsende von Weinzierl biegt man rechts ab nach Nöhagen. Im Gasthaus »Schwarz« (Seite 133) bieten die Weinkarte (über dreihundert Positionen) und der Keller Vergleichsmöglichkeiten, wie man sie in der ganzen Wachau kein zweites Mal findet.

Zwei Kilometer von Weißenkirchen auf der Bundesstraße donauaufwärts, viel schöner aber zu Fuß auf dem Weinwanderweg, kommen Sie nach **Joching**. Ein kleines, aber unter Gourmets und Weinfreunden fast schon zum Wallfahrtsort gewordenes Dörfchen. Hier, am Ortseingang, führte der inzwischen legendäre Altmeister des Wachauer Weins (Seite 42f), Josef Jamek, mit seiner Frau sein anheimelnd altmodisches Restaurant. Heute ist die Tochter, Jutta Altmann, vielseitig interessiert und tüchtig wie die Eltern, für Ruf und Küche im »Gasthof & Weingut Jamek« verantwortlich. Nur ein paar Schritte die malerisch gewundene und von Winzerhäusern gesäumte Straße weiter stoßen Sie auf den Prandtauerhof. Schon im 14. Jahrhundert Lesehof des Augustiner Chorherrenstiftes St. Pölten, wurde die Anlage 1696 von Jakob Prandtauer, dem Baumeister des Stiftes Melk, barockisiert. Die Winzerfamilie Holzapfel betreibt in den stimmungsvollen Gewölben und im sommerlichen Arkadenhof ein renommiertes Abendlokal, »Holzapfel's Prandtauerhof«.

Schon das nur einen Kilometer entfernte **Wösendorf** bietet das nächste Ziel für den Feinschmeckertouristen.

Der Prandtauerhof in Joching.

Im »Florianihof«, dem ehemaligen Lesehof des Stiftes St. Florian, sorgt die Familie Mandl für das Wohl ihrer Gäste. Dem hl. Florian ist auch die erst im 18.Jahrhundert erbaute **Pfarrkirche** geweiht. Sowohl das Hochaltarbild (Die Marter des hl. Florian) wie das Deckenfresko und zwei Seitenaltarbilder stammen vom Kremser-Schmidt (Seite 24). Musikliebhaber wird interessieren, daß der Kirchenkomponist und Brucknerschüler Josef Gruber hier zu Hause war. Nach ihm ist die Jägerhütte benannt, die man auf einem markierten Wanderweg zur Buschandlwand in eineinhalb Stunden erreicht.

Wieder auf dem Weinwanderweg (oder natürlich auf der Donauuferstraße), gelangen Sie nach etwa einem Kilometer zu der bis an die Donau vorspringenden Felsbarriere, die das »Thal Wachau« nach Westen begrenzt und der zu Füßen auf einem alten keltischen Opferplatz die 987 erstmals erwähnte Mutterkirche der Wachau erbaut wurde, **St. Michael**. Die Wehrkirche war der Ausgangsort für die Christianisierung des Donautals und des Waldviertels und während drei- bis vierhundert Jahren die einzige Pfarrei im Umkreis. Ihre heutige Gestalt erhielt die Kirche im 16.Jahrhundert. Eine vorsichtige Restaurierung hat dem Bau trotz Bränden und einem gewissen Verfall nach der Verlegung der Pfarrei 1784

EINKAUFEN

Wein

Franz Prager
Weißenkirchen 48
Tel. 22 48

Manfred Jäger
Weißenkirchen
Tel. 25 35

Ilse Mazza
Weißenkirchen 124
Tel. 23 00

Josef Jamek
Joching
Tel. 22 35

Johann und Monika Schmelz
Weinbergstr. 14
Joching
Tel. 24 35

Rudolf Pichler
Wösendorf 38
Tel. 22 67

Pichlhof Franz Pichler
Wösendorf 114
Tel. 23 04

Weingut Langmayer
Wösendorf 62
Tel. 26 14

Edelbrände

Weingut und Brennerei Karl Holzapfel
Joching 36
Tel. 23 10

Souvenirs

Wachauer Heimatstube
Weißenkirchen 62
Tel. 23 16

Wein & Kunsthandwerk
Weißenkirchen
Tel. 22 14

Die vier Aufrechten: Franz Prager, Wilhelm Schwengler, Franz Hirtzberger sen. und Josef Jamek.

Das Fähnlein der vier Aufrechten

Nach dem Zweiten Weltkrieg war die Wachau infolge der sowjetischen Besetzung in eine Art wirtschaftliche Randlage geraten. Wein- und Obstbau ging es nicht gut, wertvolle Bausubstanz drohte zu zerbröckeln, und von Tourismus war keine Spur. Wer heute hier wandert oder radelt, erfreut sich der einzigartigen Flußlandschaft, ohne zu ahnen, welchen Gefahren sie noch vor kurzem ausgesetzt war. Vier Wachauer Winzern ist es zu verdanken, daß eine unheilvolle Entwicklung aufgehalten und auf geradezu wundersame Weise umgekehrt werden konnte. Jeder von ihnen ergriff auf seine Weise die Initiative. Und gemeinsam waren sie stärker als Bürokratie und regierungsamtliche Rahmenpläne. Es handelt sich um Franz Hirtzberger, seinerzeit Bürgermeister von Spitz; Josef Jamek, Winzer und Wirt aus Joching; Franz Prager, Vorbildwinzer aus Weißenkirchen, und Wilhelm Schwengler, den ehemaligen Direktor der Freien Weingärtner in Dürnstein.

Es begann damit, daß das österreichische Weingesetz von 1960 die Errichtung von

Weinbaugebieten nach bestimmten geographischen, klimatischen und produktionstechnischen Kriterien zwar vorsah, ihre Festlegung aber dem Landwirtschaftsminister überließ. Während in anderen Teilen Österreichs nur geredet wurde, verfaßte Franz Hirtzberger eine Eingabe, in der er ein Weinbaugebiet Wachau begründete und seine engen Grenzen nach der Maßgabe des Gesetzes definierte. Gegen eine Vielzahl von Neidern, die den werbewirksamen Namen Wachau gern auch für sich in Anspruch genommen hätten, setzten sich Hirtzberger und sein hartnäckiger Mitstreiter Jamek endlich durch: 1963 erfolgte die Festschreibung der Gebietsgrenzen, die die Winzer auch anläßlich der Neufassung des Gesetzes 1985 verteidigen konnten.

Schon ein paar Jahre vorher hatte Josef Jamek für Kopfschütteln gesorgt, als er, wie ringsumher noch harmlos süße Weinchen verlangt und gekeltert wurden, seinen knochentrocken durchgegorenen, leichten und fruchtigen Wein vorstellte. Nur wenige ahnten, daß er damit den entscheidenden Anstoß gab zum Umdenken und zur Entwicklung einer individuellen Weinstilistik, die in den Jahren darauf in den Arbeiten Hirtzbergers, Pragers und anderer zu sensationellen Ergebnissen führen sollte. Den Durchbruch zu weltweiter Anerkennung brachte schließlich Wilhelm Schwenglers geniale Marketingidee, die unter tatkräftiger Mithilfe Franz Pragers und der beiden anderen Protagonisten zur Gründung der Vinea Wachau führte (Seite 39). Das war 1983, im Schicksalsjahr der Wachau. Denn dieses Jahr brachte auch den endgültigen Sieg im Kampf gegen die Errichtung eines Wachau-Kraftwerks, das nach den Plänen der Regierung im Zuge des Donauausbaus ausgerechnet gegenüber von Dürnstein hätte errichtet werden sollen.

Wieder waren es Hirtzberger und Jamek, die als Initiatoren und Sprecher des »Arbeitskreises zum Schutze der Wachau« in jahrzehntelangem unermüdlichen Ringen und in zahllosen Eingaben und Gesprächen den Interessenvertretern, Behörden und Regierungen den Verzicht auf den Bau der Staustufe bei Rossatz abtrotzten. Sie und die von ihnen aufgebotenen Kapazitäten verhinderten damit die Zerstörung einer jahrtausendealten Kulturlandschaft sowie eine irreparable Veränderung der klimatischen Verhältnisse, auf denen das Spezifische des Wachauer Weinbaus beruht.

Gewitzt durch die Erfahrung, daß nichts in Österreich so fest versprochen ist, als daß es nicht durch Versprechungen anderen gegenüber in Frage gestellt werden könnte, sorgte der Arbeitskreis dafür, daß das Ministerkomitee des Europarats auf die Ereignisse in der Wachau aufmerksam wurde. Für Franz Hirtzberger und Josef Jamek dürfte es die Krönung ihres Lebenswerks gewesen sein, als der Europarat 1994 der Wachau das Europäische Naturschutzdiplom verlieh und diese Kulturlandschaft damit unter seinen ausdrücklichen Schutz stellte.

Heute haben die Vier die Bürde der Verantwortung an ihre Kinder und Nachfolger übergeben. Franz Hirtzberger archiviert die Schriftsätze aus den Jahren des Kampfes seiner »Bürgerbewegung«, Josef Jamek inspiziert täglich den Stand seiner Reben in den berühmten Rieden im Umkreis von Weißenkirchen, und Wilhelm Schwengler hat sich vom Propst des Augustiner-Chorherrenstiftes Herzogenburg die freskengeschmückte Apsis des zerfallenen Klarissenklosters ausgeliehen und sie zu seinem Atelier gemacht. Hier malt er, bewundert von seinen Dürnsteiner Mitbürgern, seine stimmungsvollen Bilder von den Schönheiten der Wachau.

TIPS & INFOS

Ausführliche Informationen finden Sie auf Seite 128 ff.

SPITZ

Einwohner: 2000
Höhe: 207 m ü. d. M.
Postleitzahl: 3620
Vorwahl: 0 27 13

Informationen

Verkehrsverein
Hauptstraße 8
Tel. 23 63 oder 23 62

MUSEUM

Schiffahrtsmuseum
Auf der Wehr 21
Tel. 22 46
geöffnet Anfang April–Ende Oktober Mo–Sa 10–12 Uhr, 14–16 Uhr, So 10–12, 13–17 Uhr

ÜBERNACHTEN

Unsere Adreßempfehlungen finden Sie auf Seite 128.

ESSEN

Strandcafé
Donaupromenade
Tel. 23 20
geöffnet: April–Okt. Do–Mo

Gasthaus Ruine Hinterhaus
Hinterhaus 8
Tel. 28 31
geöffnet: täglich 8–24 Uhr

nach Wösendorf seinen trutzigen Charakter erhalten können. Sehenswert sind der gotische Hochaltarraum, der linke Seitenaltar mit Stufen aus alten Grabplatten und die Altarbilder vom Kremser-Schmidt.
Auch ein Blick in den Karner mit seinem Altar aus Totenschädeln lohnt sich. Im Haus Nummer 6 (Tel. 0 27 13 / 28 56) erfahren Sie, wann die nächste Führung beginnt.
Auf der Bundesstraße sind es von hier aus zwei Kilometer bis **Spitz**. Zu Fuß folgt man ein Stück der Uferstraße und nimmt dann die alte Wachauerstraße. Oder man steigt über den Michaelerberg ins Mieslingtal hinab und hinauf über das Rote Tor nach Spitz hinein. Das ist die schönere, aber mit etwa einer Stunde Fußmarsch verbundene Alternative.
Der Ort selbst, vom 9. Jahrhundert bis zum Jahr 1504 als bayerische Enklave im Besitz des Klosters Niederaltaich und verschiedener Grafengeschlechter, zwischendurch auch Lehensgebiet der Kuenringer (Seite 80 f), ist malerisch hineingebettet in seine Weinberge. Der legendäre Tausendeimerberg ragt steil aus ihm hervor. Wer ihn umrundet, gewinnt den sicherlich farbigsten Eindruck dieses neben Dürnstein bedeutendsten Ortes der Wachau.

Die Mutterkirche der Wachau: St. Michael.

Sie beginnen Ihre Ortsbegehung zweckmäßig am Kirchenplatz. Hier oben zeigt der Marktflecken noch seinen ursprünglichen Charakter. Die **Pfarrkirche** wurde Anfang des 16. Jahrhunderts erbaut. Ein Knick in der Längsachse von 20° ist ihr auffälligstes Merkmal. Diese auch anderen Kirchen eigene Abwinkelung des Chores gegenüber dem Langschiff wird von Theologen mit der Neigung des Hauptes Jesu am Kreuz erklärt, von anderen ganz simpel mit den Erfordernissen des Baugrundes. Aus dem 14. Jahrhundert stammen die ausdrucksvollen gotischen Holzplastiken Jesu und seiner zwölf Jünger an der Orgelempore. Die Marter des hl. Mauritius am Hochaltar ist ein Spätwerk des Kremser-Schmidt. Die Friedhofgasse hinauf führt Ihr Weg am **Schloß** vorbei. Es wurde anstelle des »Vorderen Hauses«, der zweiten Burg von Spitz, im 16. und 17. Jahrhundert erbaut. Hinter dem Friedhof führt ein Weg auf den **Tausendeimerberg**. Früher maß man den Ertrag eines Weinbergs in Eimern. Ein Eimer faßte 56 Liter. Der kurze Abstecher auf den Rücken des berühmten Weinbergs lohnt sich! Folgt man der Friedhofsgasse weiter, so quert man die Ortsteile Quitten und Radlbach. Der Kirchensteig trifft jenseits der Straße nach Ottenschlag auf den **Erlahof**. In dem ehemaligen Lesehof des Stiftes Niederaltaich befindet sich das sehenswerte **Schiffahrtsmuseum** mit dem Modell eines ganzen Schiffszuges (Seite 47 ff). Auf dem Burgweg steigen Sie von hier aus zur **Burgruine Hinterhaus** hinauf, von deren Bergfried der Blick weit die Donau hinauf und hinunter geht. Zurück im Tal folgen Sie der Hauptstraße, bis links ein Steig am Fuße des Tausendeimerberges Sie an den Ausgangspunkt zurückbringt.

Die Spitzer können herrliche Brauchtumsfeste feiern. Merken Sie sich für Ihre Reiseplanung drei Daten: die Sommersonnenwende, wenn die Burg und der Tausendeimerberg mit Tausenden von Fackeln erleuchtet werden, das letzte Juliwochenende, wenn der Marillenkirtag gefeiert wird, und den ersten Oktobersonntag, das

Der Marktplatz von Spitz.

HEURIGE

(Öffnungszeiten siehe Heurigenkalender)

Weingut Karl Lagler
Rote Torgasse 10
Tel. 25 16

Rupert und Erika Gritsch
Radlbach 11
Tel. 22 08

Johann Donabaum
Laaben 15
Tel. 24 88

EINKAUFEN

Wein

Franz Hirtzberger
Kremser Straße 8
Tel. 22 09

Weingut Karl Lagler
Rote Torgasse 10
Tel. 25 16

Karl Bracher
Marstall 7
Tel. 25 28

Anton Nothnagl
Radlbach 7
Tel. 26 12

Weingut Graben-Gritsch
Vießling 21
Tel. 84 78

Winzerhof Högl
Vießling 31
Tel. 84 58

Marillen

Gerhard Salomon
Schwallenbach 28
Tel. 0 27 13 / 23 86

Wurst

Fleischerei Salminger
Hauptstraße 20
Tel. 23 15

Wachauer Goldhaube

Maria Jahrmann
Obere Gasse 1
Spitz
Tel. 26 08

Blick vom Tausendeimerberg auf Burg Hinterhaus.

Erntedankfest. Dann werden die Trachten herausgeholt und die alten Tänze getanzt.
Zum Gemeindegebiet von Spitz gehört auch **Schwallenbach**. Es liegt als geschlossenes, kaum von der modernen Welt gemodeltes Ensemble etwas oberhalb der Straße nach Westen. Der Ort lebt vom Obstbau, und das Weinbaugebiet Wachau endet hier.
Wenn Sie den Schauder der Geschichte spüren und den Fundort der Venus von Willendorf aufsuchen wollen, müssen Sie zwei Kilometer weiter Richtung Westen fahren. Folgen Sie in Willendorf dem Bachlauf aufwärts; unmittelbar hinter dem Bahndamm führt rechts ein Fußweg zu der bewußten Stelle. Dort erwartet Sie eine zehnfach vergrößerte Nachbildung jener elf Zentimeter großen Kalksteinfigur, die rund 28 000 Jahre unter einer Lößschicht vergraben an einer steinzeitlichen Feuerstelle vergessen und 1908 beim Bau der Wachaubahn gefunden wurde. Das staunenswerte Original steht seither im Naturhistorischen Museum in Wien.

Flöße, Fähren, Fünferinnen

Daß die Donau beschifft wurde, davon berichtet schon Strabo im 7. Jahrhundert v. Chr. Als die Römer um die Zeitenwende herum das ganze Donautal kontrollierten, benutzten sie Schiffe, deren Bauart sie offensichtlich bereits vorgefunden hatten und deren Grundform sich bis zum Ende der Ruderschiffahrt auf der Donau erhalten hat. Auf der Triumphsäule des Marc Aurel auf der Piazza Colonna in Rom kann man sie sehen. Römische Schiffsleute fuhren damit bis nach Ulm, hauptsächlich um Truppen zu transportieren. Kaiser Julian verschiffte auf diese Weise in einem Konvoi dreitausend Mann. Später zog Karl der Große auf der Donau gegen die Awaren, und im 12. Jahrhundert nahmen die Kreuzfahrer diesen Weg. Kaiser Friedrich Barbarossa, heißt es, kam auf viertausend Schiffen. Aber zu dieser Zeit war die Donau auch schon ein bedeutender Handelsweg, auf dem sich der Ost-West-Handel abspielte, auf dem Wein und Salz, Erze und Getreide transportiert wurden. Die Häfen Stein und Krems, an einer Durchzugstraße von der Ostsee nach Italien gelegen, wurden zu Hauptumschlagplätzen für Tuche aus Brabant, Häute und Felle aus Rußland im Tausch gegen Waren aus Indien, Griechenland und Italien. Aus Stapelrechten und Zöllen zogen neben den Landesherren auch die beiden Städte hohe Gewinne. Schließlich tat man des Guten wohl ein wenig zu viel. Allzu großzügig vergebene Mautrechte behinderten den Handel nachhaltig. Und als gewisse Rittersleut', die auf legale Weise am Abgabensegen nicht teilhatten, damit begannen, sich ihr vermeintliches Recht auf räuberische Weise zu nehmen, verebbte der Donauhandel und damit die sprudelnde Quelle des Reichtums sehr schnell. Das war gegen Ende des 14. Jahrhunderts. Wein- und Salzhandel, der Transport von Holz und Getreide florieren danach nur in dem Maße, wie es Hussiteneinfälle, Ungarn- und Türkenkriege zuließen.

Eine regelmäßige Personenschiffahrt begann erst um die Wende des 17. zum 18. Jahrhundert. Damals fuhr ein sogenanntes Ordinarischiff einmal die Woche von Regensburg bis Wien. Die Fahrt dauerte je nach Witterung und Wasserstand sieben Tage bis zwei Wochen und war besonders bei diesigem Wetter nicht ungefährlich. Zurück nahm man Pferd und Kutsche. Denn die Gegenfahrt, die Fahrt mit einem Schiffszug stromaufwärts, dauerte acht Wochen und länger und war ungleich unbequemer als die sogenannte Naufahrt, die Fahrt donauabwärts.

Schiffszug an einer Engstelle.

Ein recht lebendiges Bild der Donauschifffahrt und ihrer Schiffe vermittelt das Schiffahrtsmuseum im Erlahof zu Spitz (Seite 44). Neben der Nachbildung verschiedener Schiffstypen findet man hier auch das Modell eines Schiffszuges. Solche Gegenzüge bestanden häufig aus mehreren dreißig bis vierzig Meter langen Holzschiffen unterschiedlicher Typen. Am bekanntesten waren die Kehlheimer, andere hießen je nach Größe Siebnerin, Sechserin oder Fünferin. Sie und ihre kleineren Beiboote wurden vom Ufer aus anfangs von Menschen, später von bis zu sechzig Pferden gezogen, die, wenn die Uferabschnitte unwegsam wurden, von der einen auf die andere Flußseite übergesetzt werden mußten. Ein rauhes Geschäft, das selten ohne Unfälle abging. Die Donauschiffahrt ist daher reich an Sagen, Liedern und abenteuerlichen Bräuchen. So durfte zum Beispiel ein Schiffsmann nicht schwimmen können. Er sollte im Gefahrenfall dem Schiff erhalten bleiben und nicht etwa durch einen Sprung ins Wasser sein Heil in der Flucht suchen. Ein ertrinkender Schiffsmann konnte auch nicht damit rechnen, gerettet zu werden. Man glaubte nämlich, daß die Donau Jahr für Jahr eine bestimmte Zahl von Opfern fordere. Und jeder Ertrunkene erhöhte für alle anderen die Chance, in diesem Jahr mit dem Leben davonzukommen.

Historische Modelle von Holzschiffstypen der Donau.

Abenteuerlich und gefahrvoll war auch das Leben der Flößer. Manche von ihnen legten mit ihren Holztransporten lange Wege zurück, aus den Alpentälern über die Donauzuflüsse bis weit die Donau hinab. Sie steuerten Flöße, die bis zu 65 Meter lang und 15 Meter breit waren und aus bis zu 700 Festmetern Holz bestanden. Die etwas kleineren Wachauflöße, die in Spitz zusammengestellt wurden, führten als Ladung Schindeln, Bretter und Weingartenstecken mit sich. Das letzte Floß dieser Art verließ Spitz im Jahre 1953.

Das älteste Schiffergewerbe auf der Donau aber dürfte das des Fährmanns sein. Zwischen Passau und Wien gab es, bis im Jahre 1463 die erste Brücke zwischen Stein und Mautern errichtet wurde, keine andere Verbindung zwischen den beiden Ufern des Stroms als die Zillen und Plätten, die zur Überfuhr von Personen und Gütern eingesetzt wurden. Das Recht zum Betreiben einer Fähre, die Überfuhr-Gerechtigkeit, lag beim Landesherrn. Er vergab sie an Adlige und Klöster, die sie durch geprüfte Fergen, Fährleute, ausüben und sich gut dafür bezahlen ließen, ihrerseits allerdings die bei Tag und Nacht und bei jedem Wetter Arbeitenden nur bescheiden entlohnten. Kein Wunder, daß manch einer der rauhen Burschen seine zeitweilige Macht in Nebeneinkünfte und andere Zuwendungen ummünzte. Ein in Förthof aufgefundener Liedtext legt ungeschminkt Zeugnis davon ab:

»Stockplätte« vor Melk.

»Überführn! Überführn!
schreit die kloa Fischerdirn,
Überführn! Überführn! schreit
die kloa Dirn.
Von dem sch … Überfahrn
Is ma's Mensch schwanger worn!
He Bua, fahr mit!«

Weit weniger gefährlich und sehr viel zivilisierter besteht der Fährverkehr in der Wachau auch heute noch fort. Zwei Rollfähren garantieren den stromüberschreitenden Verkehr. Sie werden bei entsprechender Ruderstellung allein durch die Kraft der Strömung angetrieben und hängen an Rollen, die auf donauüberspannenden Tauen laufen. Die beiden Rollfähren zwischen Hofarnsdorf und Spitz sowie zwischen St. Lorenz und Weißenkirchen sind für die Überfuhr von Kraftfahrzeugen ausgerüstet. Im Sommer verkehren sie in der Regel zwischen 7 Uhr morgens und 19 Uhr am Abend. Nur für den Personenverkehr geeignet ist die Motorfähre zwischen Rossatzbach und Dürnstein. Fahrräder werden mitgenommen. Den Ausflugs- und Charterverkehr auf der Donau haben die privaten Nachfolgebetriebe der 1995 liquidierten staatlichen DDSG übernommen. Die Donaudampfschiffahrtsgesellschaft, mit über 200 Dampfschiffen und 750 Schleppkähnen einst größte Binnenreederei der Welt, die während der k. u. k. Monarchie sowohl in wirtschaftlicher wie in gesellschaftlicher Hinsicht eine so glanzvolle Rolle gespielt hatte, war ins wirtschaftliche Aus geraten. Heute fahren auf der Strecke Melk – Krems die Schiffe der »DDSG Blue Danube«, der »Brandner Schiffahrt GmbH«, der »Donauschiffahrt Ardagger« und der »Donauschiffahrt Wachau« (Seite 107). Ihr Linien- und Charterprogramm sowie ihr Angebot an Themenfahrten, außerdem Fahrpläne und Tickets erhalten Sie zentral bei der Austropa im Verkehrsbüro Krems, Kloster Und (Seite 18) und bei den Gesellschaften.

Oberranna
Fortgeführte Geschichte

Ausgangsort:
SPITZ

Zielort:
MÜHLDORF / BURG OBERRANNA

Länge:
5 KM

Voraussichtliche Dauer des Ausflugs:

Fahrrad: 2 1/2 STD

Auto: 1 1/2 STD

Nicht nur auf die Romantiker unter uns wartet fünf Kilometer von Spitz entfernt in nordwestlicher Richtung ins Waldviertel hinein ein besonderes Juwel: die **Burg Oberranna.**

Sie ist, das sei gleich gesagt, nur in der Zeit vom 1. Mai bis 1. November zugänglich und für Besucher auch dann nur am Samstag und Sonntag jeweils nachmittags geöffnet. Nur Pensionsgäste können während der Woche ein- und ausgehen.

Leihen Sie sich also fürs Wochenende, wenn Sie über ein wenig Kondition verfügen, in Spitz ein Fahrrad (am Bahnhof, oder fragen Sie Ihre Wirtsleute). Stetig bergauf strampeln Sie auf breiter Straße durch eine Reihe zu Spitz gehörender Weinorte bis nach Mühldorf. Dort geht es rechts ab über den Bach nach Niederranna, bis ein Wegschild nach links zur Burg Oberranna weist. Ein schmiedeeisernes Tor lädt Sie auf das weiträumige Burggelände. Von Spitz bis hier herauf haben Sie rund 250 Höhenmeter bewältigt. Die Burg Oberranna wurde im 12. Jahrhundert errichtet und im 16. Jahrhundert zu einer Festung mit turmbewehrter Ringmauer und zwei Burggräben erweitert. In der zweiten Hälfte unseres Jahrhunderts wurde sie von ihren heutigen Besitzern liebevoll instand gesetzt und mit Ferienwohnungen ausgestattet (Seite 128). Zwei steinerne Brücken führen zum Burgeingang, über welchem sich ein reich mit Renaissancemalerei geschmückter Breiterker befindet. Ein Vorraum und eine stilvoll eingerichtete Taverne erwarten den Besucher, dem sich das eindrucksvolle Innere der Anlage am besten durch eine Führung erschließt. Der vierflügelige Baukomplex umfaßt einen begrünten Arkadenhof. Einzigartig in Österreich ist die einschiffige, aber doppelchörige Burgkapelle mit ihren symmetrisch einander entsprechenden Querhäusern. Sie entstand mit der ursprünglichen Anlage als Wehrkirche Anfang des 12. Jahrhunderts. Beeindruckend die Krypta: Das Gewölbe ruht auf einfachen, dünnen Säulen mit wuchtigen Würfelkapitellen, deren eine mit einem inzwischen berühmt gewordenen Jagdszenenrelief versehen ist. Wieder im Freien, schaut man von der Burgterrasse ins Mühltal hinunter, auf die Reste des ehemaligen Paulinerklosters. Dessen letzte Bewohner sollen, wie die junge Führerin verrät, bei seiner Aufhebung durch Joseph II. ein Mönch, zwei Konkubinen und einige Kinder gewesen sein.

Die romanische Krypta.

Liebevoll instand gesetzt: Burg Oberranna.

Sehen und verstehen

Aufgabe und Bedeutung der Klöster

Da liegen sie. Machtvoll, strahlend, nicht aus dieser Welt. Repräsentanten der Geschichte einer Region, der sie ihren Stempel aufgeprägt haben. Die Klöster Melk, Göttweig, Zwettl und Altenburg. Eckpunkte, durch die der Zirkelschlag unserer Reise geht. Wie soll man sich ihnen nähern? Verstellen nicht ihre Pracht, die Häufung der sehenswürdigen Kunstgegenstände in ihren Mauern und Räumen, die Zeugnisse ihrer rund tausendjährigen Geschichte, nicht zuletzt aber auch der für viele doch recht weite Weg aus der ganz und gar säkularen Realität unserer Welt den Blick auf den eigentlichen Kern ihrer monastischen Existenz? Vergessen wir für einen Moment die Pracht, mit der uns diese Klöster auch heute noch entgegentreten. Sie ist im Grunde nichts anderes als der Ausdruck eines kaum länger als hundert Jahre währenden Zeitgeistes. Seine Kraft war in einigen Fällen bereits erloschen, bevor das durch ihn hervorgerufene eruptive Baugeschehen zum Abschluß gekommen war. Wenden wir uns den tausend Jahre zurückliegenden Anfängen zu. Die Errichtung der Ostmark und die Befestigung ihrer nördlichen Grenze vollzog sich in den Jahren nach der Vertreibung der Ungarn (in der Lechfeldschlacht von 955) nach einem im Frankenreich bereits bewährten Muster. Die Markgrafen und ihre Ministerialen errichteten in den von ihnen eroberten Gebieten Burgen als militärische wie auch wirtschaftliche und geistige Zentren. Unter ihrem Schutz entstanden Städte und zur seelsorgerischen und geistigen Betreuung der Bevölkerung Pfarreien und Klöster. Zahlreiche Stiftungen erlaubten den Klöstern bis ins späte Mittelalter hinein ein segensreiches Wirken. Sie rodeten Wälder und kultivierten das Land, errichteten Schulen und Spitäler, bildeten wissenschaftliche Zentren, Bibliotheken und Archive, sorgten für die ihnen übertragenen Pfarreien und tun das in erheblichem Umfang bis zum heutigen Tag. Gegen Ende des 14. Jahrhunderts aber war infolge von Kriegen, Sittenverfall und Pest die geistige und wirtschaftliche Kraft der Klöster erschöpft. Brände und Zerstörungen durch Hussitenstürme und räuberische Überfälle zehrten an ihrer baulichen Substanz, und manche mußten zeitweise ganz aufgegeben werden. Trotz der Melker Reform und der mit ihr verbundenen geistigen Erstarkung hatten die Klöster der sich ausbreitenden Reformation nichts entgegenzusetzen. Und erst mit der Gegenreformation und der Macht des Absolutismus gewannen sie wieder an politischem Einfluß, an wissenschaftlicher Bedeutung und an wirtschaftlicher Kraft. In nur fünfzig Jahren, zwischen 1700 und 1750, entstanden die gewaltigen Barockanlagen, deren kunstvolle Prachtentfaltung wir Besucher, kopfschüttelnd manchmal, heute bewundern. Versuchen wir zu verstehen, daß die Mönche ihr Kloster als Haus Gottes sehen, in dem sie dienend und Gott suchend zu Gast sind. Es ist nicht ihre Pracht, für deren Erhaltung

und nützliche Verwendung sie sich nichtsdestoweniger verantwortlich fühlen. Auch in Zeiten, in denen der Wind ihnen ins Gesicht bläst.
Schon kurze Zeit nach Vollendung ihrer Bauwerke war der Zeitgeist umgeschlagen. Der liberale Josephinismus (unter Joseph II. zwischen 1780 und 1790) brachte für vorwiegend kontemplative Mönchsgemeinschaften kein Verständnis auf. Zahlreiche Klöster wurden aufgehoben. Bestehen blieben lediglich solche, die auch öffentliche Aufgaben wahrnahmen, Schulen betrieben, wissenschaftliche Einrichtungen pflegten, Seelsorge in zum Teil weit verstreuten Pfarreien leisteten und sich verpflichteten, die Betreuung weiterer Pfarreien zu übernehmen. Als mit dem Revolutionsjahr 1848 auch die Abgaben der Bauern, die Einkünfte aus der Grundherrschaft fortfielen, war für die großen Klöster endgültig die Zeit gekommen, in der sie gezwungen waren, ihre wirtschaftliche Existenz auf neue Grundlagen zu stellen. Ihre Besitzungen, zumeist land- und forstwirtschaftlich genutzte Ländereien, verlangten nach sachdienlicher Betriebsführung. Die angemessene Nutzung der klostereigenen Repräsentationsräume, der Wirtschaftsgebäude und Zimmerfluchten erforderte eine kreative Verwaltung. Geistliche, kulturelle und touristische Dienstleistungen mußten angeboten und verkauft werden. Die Klöster wurden, ob sie nun wollten oder nicht, zu Wirtschaftsunternehmen, die heute den gleichen Bedingungen des Marktes unterliegen wie andere Unternehmen auch. Sind schon die pastoralen Aufgaben innerhalb und außerhalb der Klostermauern nur unter großen Opfern mit den Regeln mönchischen Lebens zu vereinbaren, so erfordern die vielfältigen Managementaufgaben nicht nur ausgebildeten Sachverstand, sondern auch großes organisatorisches Geschick seitens der mit ihnen betrauten Ordensbrüder.
Das klösterliche Leben ist weniger denn je losgelöst von Zeit und Welt. Art und Bewältigung ihrer Aufgaben haben sich gewandelt, aber die Bedeutung der Klöster in kultureller wie auch in wirtschaftlicher Hinsicht ist die gleiche geblieben. Denn noch immer gilt für die klösterliche Gemeinschaft die Anweisung des hl. Benedikt: »Ora et labora« – bete und arbeite.

Die majestätische Ostfassade des Klosters Altenburg.

Ausgangsort:
MELK

Zielort:
MAUTERN – GÖTTWEIG

Länge:
41 KM

Voraussichliche Dauer des Ausflugs:

36 STD.

48 STD.

Von Melk bis Göttweig

über Schönbühel/Aggsbach, Rossatz/Arnsdorf und Mautern

Abstecher:

SCHALLABURG UND MAUER

KLEIN-WIEN

Von Melk bis Göttweig

Ausflug mit Panoramablick

Das rechte Donauufer, an dem entlang die Bundesstraße 33 die Städte Melk und Mautern miteinander verbindet, wird oft die Schattenseite der Wachau genannt. Das stimmt und stimmt auch wieder nicht. Richtig ist, daß die Sonne auf ihrem Weg nach Westen stellenweise und besonders in den Wintermonaten Schwierigkeiten hat, die Bergrücken des Dunkelsteiner Waldes zu überwinden und die südliche Uferzone mit

Ein barockes Gesamtkunstwerk: das Kloster Melk.

ihren wärmenden Strahlen zu erreichen. Richtig ist auch, daß deshalb sowohl der Weinbau wie auch der Tourismus ein wenig im Schatten des prosperierenden linken Donauufers stehen. Falsch aber wäre es, sich dadurch davon abhalten zu lassen, das Südufer zu besuchen. Es ist friedlich hier. Die Zeit scheint stillzustehen. Und es gibt Plätzchen am Ufer, von denen aus die gegenüberliegende Donauseite aussieht wie im Traum. Lassen Sie sich Zeit. Die Sehenswürdigkeiten dieser

Seite sind spröde. Man muß sich ein wenig um sie bemühen. Und wer noch überwältigt ist von den gewaltigen Akkorden der Stifte Melk und Göttweig am jeweiligen Endpunkt dieser Tour, wird vielleicht Mühe haben, ihre zarten Töne wahrzunehmen. Darum: Wählen Sie für die Erkundung des südlichen Donauufers das Fahrrad. Der Radweg Wachau auf der rechten Donauseite ist weit weniger befahren als der auf der linken, und selbst die Straßenstücke erlauben normalerweise streßfreies Radeln. Planen Sie aber, auch wenn Sie mit dem Auto unterwegs sind, besonders unter Einschluß des Abstechers nach Mauer, drei Tage ein.

Pfarrkirche und Nepomuksbrunnen in Melk.

Daß die Geschichte Österreichs gewissermaßen in **Melk** ihren Ausgang nahm, sieht man dem kleinen Städtchen unter der alles beherrschenden Anlage des Benediktinerstiftes nicht an. Sein von der Renaissance geprägtes Stadtbild erhielt es beim Wiederaufbau nach einem Großbrand Mitte des 16. Jahrhunderts. Und die barocken Einflüsse aus der Zeit des Stiftsneubaus sind ebenfalls nicht zu übersehen. Das Städtchen hat Charme. Und seine vom Rathausplatz bis zum Ende der Sterngasse reichende Fußgängerzone, zugleich der älteste Teil der Stadt, verlockt mit den vielen freskengeschmückten Renaissancefassaden zum Schlendern und Schauen. Da ist auf dem Rathausplatz, gleich links, wenn man aus der Wiener Straße kommt, die **Apotheke**, das ehemalige Lebzelterhaus, mit ihren bemalten Fensterläden. Gegenüber dem Rathaus steht der **Kolomanibrunnen**, der früher im Stift stand und den Abt Bertold Dietmayr der Stadt zu seinen Füßen schenkte. Vielleicht empfand er ihn als dem neuen Prälatenhof nicht mehr angemessen. Der hl. Koloman war viele hundert Jahre lang der Schutzheilige der Ostmark gewesen, bis er vom hl. Leopold, dem Babenberger Leopold III., in dieser Funktion abgelöst wurde. Halten Sie sich rechts. In der Sterngasse kommen Sie am »Goldenen Stern« vorüber. Das ist die 1736 von Franz Munggenast erbaute ehemalige **Stiftstaverne**. Auch heute noch (oder wieder) eine urige Kneipe. Sehenswert sind an der nach Linz führenden B 1 das **Schiffsmeisterhaus** und wenige Schritte weiter das 1550 erbaute **Haus auf dem Stein**. Über den Felsensteig kommen Sie in die Linzer Straße, an der das **Alte Posthaus** steht. Das Barockgebäude, das als die schönste Post Österreichs gilt, ließ 1792 der Postmeister (und Holzgroßhändler) Freiherr von Fürnberg errichten. Heute ist das Melker Heimatmuseum in dem Gebäude untergebracht. Am Hauptplatz, den Sie schon liegen sehen, führte früher eine Brücke über den Weiherbach. Davon kündet noch der **hl. Nepomuk**, der hier die Vorübergehenden segnet. Ein paar Schritte weiter, auf dem Kirchplatz, liegt die im 15. Jahrhundert erbaute Pfarrkirche. Sehenswert ist an ihrer Außenwand die **Kalvarienberggruppe**, die man der Donauschule zurechnet. Wer sich auch für neuere Architektur interessiert, sollte von hier aus den Weg zum Bahnhof einschlagen. Er kreuzt dann die Abt-Karl-Straße. Die Nummer 16 ist die sogenannte »**Kachel-Villa**«, ein Jugendstilhaus, das sich 1901 ein Linzer Notar namens Loos von Losimfeldt bauen ließ. Architekt war der Otto-Wagner-Schüler Josef Plecnik, der hier durch die höchst eigenwillige Kombination verschiedener Baustoffe ungewöhnliche Wirkungen erzielte.

Genug der Annäherung an das optische und geistige Erlebnis, dessentwegen der Wachaubesucher nach Melk gekommen ist und das ihm während seines ganzen Aufenthaltes in der Stadt vor Augen steht. Wir wollen Ihnen das Benediktinerkloster Melk nicht länger vorenthalten.

Die sakralen Bauten des Barock sind Ausdruck des Triumphs angesichts der mit der Gegenreformation zurückgewonnenen geistlichen und der mit dem endgültigen Sieg über die Türken wiedererrichteten staatlichen Macht. Göttliche und weltliche Herrschaft sind miteinander verschmolzen. Und so ist das barocke Kloster als Residenz des weltlichen Herrschers zugleich auch kaiserlicher Palast. Nirgendwo ist dieses barocke Lebensgefühl so grandios in Szene gesetzt worden wie in diesem Gesamtkunstwerk, entstanden aus religiösem Ingenium und künstlerischer Phantasie. Am 6. April 1702 beauftragte Abt Berthold Dietmayr den

TIPS & INFOS

Ausführliche Informationen finden Sie auf Seite 123f.

MELK

Einwohner: 6500
Höhe: 209 m ü. d. M.
Postleitzahl: 3390
Vorwahl: 0 27 52

Informationen

Fremdenverkehrsstelle
Babenbergerstraße 1
Tel. 23 07 32 oder 23 07 33

1550 erbaut: Das Haus auf dem Stein.

MUSEUM

Stift Melk
geöffnet: Mai–Sept. 9–18 Uhr, April und Okt. 9–17 Uhr, Nov.–März: Besichtigungen nur innerhalb von Führungen um 11, 14, 15 Uhr. Sonntagsgottesdienste in der Stiftskirche: 7, 9, 11 Uhr

ÜBERNACHTEN

Hotel »Zur Post«
Linzer Straße 1
Tel. 23 45
Fax 23 45 50

Hotel »Stadt Melk«
Hauptplatz 1
Tel. 24 75
Fax 24 75 19

ESSEN

Restaurant »Stadt Melk« *
Hauptplatz 1
Tel. 24 75
geöffnet: täglich 11.30–14.30 Uhr und 18–21.30 Uhr

Zum alten Brauhof
Linzer Straße 25
Tel. 22 96
geöffnet: Di–So

CAFÉ

Der Bäck am Eck
Café-Konditorei
Wiener Straße 36
Tel. 24 42
geöffnet: Mo–Fr

Baumeister Jakob Prandtauer mit dem Klosterneubau. Im Jahre 1736 war der Bau im wesentlichen vollendet. Nach einer grundlegenden Restaurierung in den Jahren 1978 bis 1995, zu deren Finanzierung das Kloster sich von einer Gutenberg-Bibel trennen mußte, strahlt das Gebäude heute wieder in ursprünglichem Glanz.
Das **Stift Melk** erreichen Sie am besten zu Fuß über die Wiener Straße und den Stiftsweg. Zögern Sie zu keiner Zeit, sich einer der an der Kaiserstiege beginnenden Führungen anzuschließen. Erst durch die zusammenfassende Deutung bestimmter Details wird die Großartigkeit dieser Klosteranlage deutlich.
Durch die Einfahrt, flankiert von den Stiftspatronen, den hl. Koloman und Leopold, gelangen Sie in den Vorhof. Sie blicken auf die palastartige Ostfassade, die von einer Nachbildung des Melker Kreuzes gekrönt ist. Nach Durchschreiten der freskengeschmückten Benediktenhalle erreichen Sie den **Prälatenhof**, der durch seine trapezförmige Anlage eine eigentümliche Sogwirkung ausübt. Das Tor an seiner Südwestecke öffnet sich auf einen schmalen Hof.
Rechts befindet sich der für das Publikum verschlossene Eingang zur Präfektur, nach links geht es zur Kaiserstiege, die zum Kaisergang mit den Bildnissen der österreichischen Herrscher und zu den **Kaiserzimmern** emporführt. Diese waren zur Unterbringung des kaiserlichen Hofstaats bestimmt. Heute dienen sie als Klostermuseum. Der anschließende Marmorsaal mit einem Deckenfresko von Paul Troger war der Bankettsaal des Kaisers.
Die Verbindung zum gegenüberliegenden Nordtrakt des Klosters wird durch die Altane, eine Terrassenanlage, geschaffen, die den Blick nach Westen über die Donaulandschaft und nach Osten auf die herrliche Fassade der Stiftskirche ermöglicht. Von hier aus betreten Sie die berühmte **Bibliothek**, deren überwältigendem Eindruck sich wohl niemand entziehen kann. Der Raum ist vollständig von künstlerisch intarsierten Bücherregalen umgeben, die mit den in ihnen aufbewahrten 85 000 Bänden und den Deckenfresken von Paul Troger und Gaetano Fantis zu einer ganz außergewöhnlichen Raumharmonie zusammenklingen. Die Bibliothek besitzt darüber hinaus weitere 2000 Handschriften und 850 Inkunabeln, von denen einige in Vitrinen zu bewundern sind. Über eine Wendeltreppe gelangen Sie in die **Kirche**. Ihre Anlage – ein von Kapellen und Emporen begleitetes Langhaus und eine Kuppel über kreuz-

förmigem Grundriß – folgt Vorbildern in Salzburg und Wien. Die zentrale Aussage der Innenausstattung sind Kampf und Sieg der Kirche über den Unglauben. Das drückt Johann Michael Rottmayrs Deckenfresko im Langhaus aus, das den Triumphweg des hl. Benedikt in den Himmel darstellt, wie auch das Motto des Kuppelraums oder das Motiv der Kanzelgestaltung.
Die nach Salzburg bedeutendste Sammlung sakraler Kunstschätze in Österreich birgt die **Schatzkammer** des Stiftes. Zu nennen sind vor allem das legendenumwobene Melker Kreuz (Kreuzpartikel in kostbarer Fassung von 1362), die Kolomani-Monstranz von 1752 und das mit Elfenbeinreliefs geschmückte sogenannte Tragaltärchen der Swanhilde aus dem 11. Jahrhundert.
Lassen Sie den eindrucksvollen Rundgang enden mit einem Besuch des **Gartenhauses**, das 1747 von Franz Munggenast »der Lustbarkeit und Anmuth« erbaut wurde, oder lassen Sie's ausklingen bei einem Glas Wein (Josef Jameks Pachtzins für den von ihm genutzten Weinberg des Stifts in Joching) im »**Stiftsrestaurant**« in der ehemaligen Orangerie.
Der nachdenkliche Besucher wird auch einem dunklen Abschnitt der jüngeren Geschichte Melks nicht auswei-

Oben: Maria am grünen Anger, die nie vollendete Wallfahrtskirche mit dem weltberühmten Flügelaltar.
Links: Die Schallaburg, heute Ausstellungszentrum des Landes Niederösterreich (Seite 60/61).

chen. Jenseits der Bahnlinie und unweit der Kasernen befindet sich im Schießstattweg eine KZ-Gedenkstätte. Von hier aus, einer Nebenstelle des KZ Mauthausen, wurden im letzten Kriegsjahr unter unmenschlichen Bedingungen Häftlinge aus den von deutschen Truppen besetzten Gebieten zum Bau einer unter dem Wachberg geplanten Rüstungsfabrik getrieben. Über fünftausend

Von Melk zur Schallaburg und weiter nach Mauer

Ausgangsort:
MELK

Zielort:
SCHALLABURG UND MAUER

Länge:
6 BZW. 19 KM

Voraussichtliche Dauer des Ausflugs:

3 STD.

2 STD.

Obwohl es bezeichnete Wanderwege von Melk zur Schallaburg gibt, empfiehlt es sich für alle, die auf ihrer Donaufahrt in Melk nur Station machen, für den Abstecher zur Schallaburg und nach Mauer Auto oder Rad zu wählen. Mit dem Auto fahren Sie Richtung Autobahn, lassen die Auffahrten aber links liegen und folgen der Regionalstraße weiter nach Schrattenbruck. Von dort bis zur Straßenkreuzung Roggendorf/Anzendorf sind es etwa zwei Kilometer. Hier biegen Sie rechts ab und gelangen über Anzendorf zur Schallaburg. Es ist alles gut beschildert. Mit dem Fahrrad wählen Sie besser die Straße über Pielach und Albrechtsberg.

Die **Schallaburg** wurde Anfang des 12. Jahrhunderts gebaut. Sie wurde im Laufe der folgenden Jahrhunderte mehrfach verstärkt und erweitert und erhielt ihre endgültige Gestalt durch Wilhelm von Losenstein, einen weitgereisten, hochgebildeten jungen Adeligen, der die Burg während seiner Herrschaftszeit in der zweiten Hälfte des 16. Jahrhunderts um Arkadenhof, Garten und Turnierplatz bereicherte. Leider übernahm er sich dabei offenbar, jedenfalls mußte die Familie kurze Zeit später verkaufen. Heute gehört die Burg dem

Land Niederösterreich und wurde zu einem seiner bedeutendsten Ausstellungszentren.
Beeindruckend ist in dem besichtigenswerten Renaissancebauwerk vor allem der zweigeschossig ausgeführte Arkadenhof mit seinem aus 1600 Einzelteilen zusammengefügten Terrakottamosaik. In ihm ist »eine schier unerschöpfliche Fülle von Figuren, Allegorien, Portraits und Wappen ..., Fabeln und Mythen, Göttern und Heroen« (W. Häusler), sozusagen das ganze Bildungsgut dieser »Epoche des Umbruchs« von seinem Schöpfer, Jakob Bernecker, aufgearbeitet worden zu einem geheimnisvollen Kryptogramm. Zu sehen ist unter den Büsten auch das *Fräulein mit dem Hundekopf*, deren beunruhigender Beschwörung das Volk sich mittels einer Sage zu entziehen versucht: Danach richtete ein infolge Brudermords und anhaltenden Unglücks bei der Jagd völlig von der Rolle geratener Ritter wutentbrannt seine Armbrust auf ein Marterl am Wege. Als er heimkam, fand der Ruchlose seine soeben geborene Tochter mit einem Hundekopf auf dem Menschenkörper.
Geöffnet: Mitte Mai – Anfang November täglich 9–17 Uhr. Die Themen der jeweils aktuellen Ausstellungen erfahren Sie in Schloß Schallaburg (Tel. 0 27 54 / 63 17), in Ihrem Hotel oder in jeder Informationsstelle.
Nach Mauer kommen Sie, indem Sie von Anzendorf über Roggendorf und nach Unterqueren der Bahnlinie rechts auf der Bundesstraße nach Loosdorf fahren. Mitten im Ort ist nach links die Straße nach Mauer ausgeschildert.
In **Mauer** erwartet Sie ein Kunstwerk von internationalem Rang. Die heute ein wenig merkwürdig proportionierte **Kirche Maria** am grünen Anger war einst als große Wallfahrtskirche geplant, ist aber nie zu Ende gebaut worden. Von ihrer ursprünglich vorgesehenen Größe künden nur noch der Chor und der als Hauptaltar gedachte Flügelaltar aus Lindenholz, der an der Nordwand des Hauptschiffs leider keinen angemessenen Platz erhalten hat. Dieser zu Beginn des 16. Jahrhunderts von einem unbekannten Meister geschaffene Altar gehört sicher zu den schönsten Beispielen gotischer Schnitzkunst überhaupt. Der Altar dient der Marienverehrung. Auf den Flügeln sind die Verkündigung, Mariä Heimsuchung, die Geburt Jesu und der Tod Mariens dargestellt. Überwältigend die Figurenfülle und die individuelle Ausdruckskraft der Gesichter und Gesten auf dem Hauptaltarbild: die Gottesmutter schwebend über den ekstatisch hingegebenen Schutzflehenden, den armen Seelen und den fürbittenden Heiligen.
Nach Melk zurück führt ein schöner Weg über Thal, Pielach und Spielberg.

TIPS & INFOS

Ausführliche Informationen finden Sie auf Seite 109.

SCHÖNBÜHEL/-AGGSBACH

5 km von Melk
Einwohner: 865
Höhe: 210 m ü. d. M.
(Postleitzahl und Vorwahl siehe unten)

Informationen

Gemeindeamt Schönbühel
3392 Schönbühel
Tel. 0 27 52 / 86 19

Gemeindeamt Aggsbach
3642 Aggsbach-Dorf
Tel. 0 27 53 / 82 69

Wallfahrtsort und Aussichtspunkt: das Servitenkloster.

Menschen starben innerhalb nur eines Jahres an Unterernährung, Entkräftung und den mörderischen Arbeitsbedingungen.

Die 35 Kilometer lange Strecke von Melk nach Mautern mit dem Fahrrad zu bewältigen dürfte selbst für Ungeübte kein Problem sein. Ob es allerdings ratsam ist, die Besichtigung von Melk, Stadt und Stift, und die Radlfahrt an der Donau entlang in einer Tagestour unterzubringen, sollten Sie sich gut überlegen. Wenn Sie streßfrei genießen wollen, was die Strecke am Wegesrand bereithält, wenn Sie Landschaft und Kulturdenkmäler betrachten, Burg Aggstein ersteigen, die Arnsdörfer durchschlendern, den einen oder anderen Heurigen besuchen und auf die traumhafte Aussicht von der Ferdinandswarte nicht verzichten wollen, dann brechen Sie besser ausgeruht auf. Auch in Mautern wartet noch einiges auf Sie.

Ob Sie gleich die Bundesstraße 33 ansteuern oder den kleinen Umweg über Spielberg machen, bleibt Ihnen überlassen. Erstes Ziel nach fünf Kilometern ist jedenfalls **Schönbühel.**

Schloß Schönbühel, auf markantem Felsen unmittelbar über der Donau gelegen, wurde zwar schon Anfang des 12. Jahrhunderts angelegt, danach aber häufig vergrößert und umgebaut. Heute ist es Privatbesitz der Familie Seilern-Aspang und nur von außen zu besichtigen. Über fünfhundert Jahre lang gehörte es dem Geschlecht der Starhemberger, deren Angehörige zeitweise an der Spitze des protestantischen Adels in Niederösterreich standen. Der auf Schloß Schönbühel residierende Sproß der Familie hielt sich jedoch anders als seine engagierten Brüder aus den für die Protestanten unglücklich endenden Händeln des Dreißigjährigen Krieges so gut es ging heraus, wechselte schließlich gar ins kaiserliche Lager, wurde wieder katholisch und gründete zu seinem Seelenheil das fünfhundert Meter donauabwärts gelegene **Servitenkloster.** Er verknüpfte damit die Idee, hier die heiligen Stätten von Jerusalem nachzubauen. Hinter dem Hochaltar der 1674 vollendeten Klosterkirche befindet sich der Zugang zu der auf einem Felsvorsprung angelegten Nachbildung des Heiligen Grabes. Franziskaner lieferten dafür aus Jerusalem das Modell mit den genauen Maßen. Das vielbesuchte Wallfahrtsziel war nicht nur fromme Pilgerstätte, sondern es

Schloß Schönbühel.

bietet auch einen einzigartigen Blick die Donau hinauf und hinunter. Für eine ausführliche Klosterbesichtigung empfiehlt sich eine Voranmeldung im Pfarrhof (Tel. 0 27 52 / 84 79).

Weiter geht es entlang den Donauauen mit schönen Bademöglichkeiten zur Schwestergemeinde **Aggsbach-Dorf.** Verlassen Sie hier die Bundesstraße 33 und folgen Sie der Beschilderung zur Kartause Aggsbach. Am Ortsende steht rechter Hand eine **Hammerschmiede** aus dem 16. Jahrhundert, die noch bis 1956 in Gebrauch war. An den Wochenenden bzw. nach Anmeldung (Tel. 0 27 53 / 8 31 13) ist sie zu besichtigen. Wenig weiter am Wolfensteinbach liegt die **Kartause Aggsbach.** Anna, die Schwester des letzten Dürnsteiner Kuenringers, brachte ihrem Gemahl, Heidenreich von Maissau, gewaltige Besitzungen mit in die Ehe. Einen Teil der Güter verwendeten die beiden im Jahr 1380 zur Stiftung der Kartause, in der sie auch begraben liegen. Nach einem Niedergang während der Reformationszeit wurde die Kartause wieder hergerichtet und 1782 endgültig aufgehoben. Der Gebäudekomplex ist heute Privatbesitz und kann nur nach Voranmeldung bei Frau Ertl (Tel. 027 53 / 82 51) besichtigt werden. Die gotische Kirche, die 1392 in der für Kartausen charakteristischen Bauweise angelegt wurde, ist jedoch für Besucher geöffnet.

MUSEUM

Burgruine Aggstein
geöffnet: 1. April–Ende Okt.
täglich 8–18 Uhr

ÜBERNACHTEN UND ESSEN

Gasthof-Pension »Zur Kartause«
Aggsbach-Dorf 38
Tel. 82 43
Fax 8 24 34
geöffnet: April–Okt.,
Mi–Mo

Fahren Sie durch den Ort und wieder auf die Uferstraße zurück. Nach etwa zwei Kilometern donauabwärts kommen Sie nach **Aggstein**, einem Ort von wenig mehr als hundert Einwohnern. Von hier aus führt eine schmale Asphaltstraße, aber auch ein Fußweg auf die rund dreihundert Meter über der Donau aufragende, hoch auf den Felsen angelegte **Burgruine Aggstein.** Die Burg wurde Anfang des 12. Jahrhunderts von den

Die Kartause Aggsbach.

Kuenringern zur Sicherung ihrer Macht erbaut. Gut hundert Jahre später, nämlich 1231 und 1296, unterlagen sie im Streit um die Auslegung ihrer Rechte ihren Herzögen Friedrich II., dem letzten Babenberger, und Albrecht I., dem ersten Habsburger. Beide Male wurde Burg Aggstein zerstört. Beim zweiten Mal so nachhaltig, daß sie erst 1429 durch Jörg Scheck vom Wald wieder funktionsfähig gemacht werden konnte. Der mächtige Kammerherr hatte die Burg von Herzog Albrecht V. zum Lohn für seine Verdienste zu Lehen erhalten. Die ehemaligen Besitzer, die Dürnsteiner Kuenringer, waren dazumal längst ausgestorben. Als Raubritter »Schreckenwald« ging der sein Mautrecht dreißig Jahre lang grausam nutzende Burgherr in die Sagenwelt ein. Später spielte die Burg noch einmal gegen die Türken und im Dreißigjährigen Krieg eine Rolle. Seit dem Ende des 17. Jahrhunderts, nunmehr im Besitz der Starhembergs, begann sie, nutzlos geworden, zu verfallen. Heute präsentiert sich die beeindruckend große Anlage als gut

erhaltene Ruine, deren Besuch sich auch wegen der phantastischen Aussicht, die sich von hier aus bietet, lohnt.
Durch einen fünfzehn Meter hohen, wuchtigen Torbau betreten Sie den ersten von vier Höfen. Zu sehen ist hier der Hauptwehrgang. Im zweiten Hof liegt rechts das »Hungerloch«, ein drei mal vier Meter großes und acht Meter tiefes Burgverlies. Den achtzig Meter langen Haupthof betritt man durch eine fünf Meter dicke Schirmmauer. Von ihm aus gelangt man zu den unterschiedlichsten Wirtschaftsgebäuden. Wenn Sie sich nach links wenden, kommen Sie zu den Resten des Bergfrieds, zur ehemaligen Schmiede und zum Brunnenhof. Rechter Hand, dort wo früher Küche und Gesindehaus lagen, befindet sich jetzt die Burggaststätte. An der westlichen Stirnwand führt eine steile Treppe in den Hof der Hochburg, um den herum die Wohngebäude, einige Keller und die Kapelle angeordnet sind. Nach Norden, der Donau zugewandt, liegt das Burgherrengemach. Und einer der eindrucksvollsten Aussichtspunkte der Wachau, das sagenhafte Rosengärtlein. Von ihm aus durften sich Gefangene, so heißt es, wenn sie nicht vorzogen, im Hungerloch zu verschmachten, zu Tode stürzen.

In der Ruine der Burg Aggstein.

Unten an der Donau führt dicht am Berg entlang die Uferstraße weiter zum Kirchlein von **St. Johann im Mauerthale.** Auf ihrem Turm thront der von einem Pfeil durchbohrte Hahn aus der Sage von der Teufelsmauer (Seite 66). Im Innern der Kirche, die die Woche über leider verschlossen ist, sorgt eine Statue des hl. Albinus für gruselige Schauer. In früheren Zeiten, so erzählt man sich, habe der Heilige dazu gedient, Verbrecher zu überführen. Wer ihn trotz größter Kraftanstrengung nicht lupfen konnte, war schuldig. So einfach war das damals.
Die Berge treten nun ein wenig von der Uferzone zurück. Mit ihnen die Straße. Zwischen ihr und der Donau liegen aufgereiht hintereinander die vier Arnsdörfer. Auch Wein wächst hier wieder und Obst in Hülle und

Fülle. Einfache, ganz unverfälschte Buschenschenken säumen rechts und links die Straße. Und in Erntezeiten errichten die Bauern Obststände am Straßenrand. So ist für Erfrischung auf den nächsten Kilometern ausreichend gesorgt.

Werfen Sie in **Oberarnsdorf** einen Blick auf den barocken **Salzburgerhof.** Von hier aus wurde vom Mittelalter bis zum Jahre 1806 der alle Arnsdörfer umfassende Besitz der Diözese Salzburg verwaltet.

Über die Donau hinweg erblickt man Burg Hinterhaus.

Am Rande der Straße, etwas erhöht, steht übrigens ein Weindenkmal, dessen im Krieg zerstörter Vorgänger an die wundersame, mit der Quellenlage allerdings nicht so recht übereinstimmende Auffindung des Neuburgers, einer wachautypischen Rebsorte, erinnert hatte (Seite 70). Auf dem Radweg nach **Hofarnsdorf** und weiter bieten sich Ihnen unvergleichliche Blicke auf Spitz, den Tausendeimerberg und die Ruine Hinterhaus. Eine Rollfähre ermöglicht das Übersetzen. In der Pfarrkirche von Hofarnsdorf schmücken Bilder des Kremser-Schmidt die Seitenaltäre. Schön ist auch die spätgotische Kanzel. In **Mitterarnsdorf** scheint sich das Dorfbild jahrhundertelang nicht verändert zu haben. In einem der Gehöfte fällt der mächtige Mantelkamin auf, der, typisch für die Wachau, über der »Schwarzen Kuchl«, der Rauchküche, aufragt. Wenige hundert Me-

Die Teufelsmauer

Auf dem Weg von Spitz nach Schwallenbach kommen Sie an der Teufelsmauer vorbei, einer Felsbarriere, die ihren Namen einer Sage verdankt. An dieser Stelle wollte nämlich der Teufel die Donau durch eine Mauer für die blühende Schiffahrt sperren. Er hatte bereits die ganze Nacht gearbeitet und mußte den Gesetzen der Schwarzen Magie zufolge bis zum ersten Hahnenschrei fertig werden. Zu ärgerlich für ihn war, daß der Hahn auf dem Kirchturm von St. Johann gegenüber seinen Plan durchschaute und ihn durch vorzeitiges Krähen weit vor dem Morgengrauen zunichte machte. Der wütende Teufel vergalt's ihm mit einem Pfeilschuß quer über die Donau und durch ihn hindurch, was dem tapferen Wetterhahn auf dem Kirchturm von St. Johann hinterseits noch heute anzusehen ist.

ter weiter, in **Bacharnsdorf**, stoßen Sie auf die Reste einer römischen Wehranlage, die man *burgus* nannte und die zu einem Verteidigungssystem gehörte, das, wie es scheint, in Mautern seinen zentralen Stützpunkt hatte. Wer sich für die Infrastruktur des römischen *Noricum* interessiert, soll darauf hingewiesen sein, daß von Bacharnsdorf aus ein markierter Wanderweg ins Kupfertal zur besterhaltenen römischen Straße führt, die man in Österreich finden kann. Dort wandelt man noch über größere Strecken auf der urspünglichen römischen Pflasterung.

Bis **St. Lorenz** rücken Berge und Straße wieder dicht ans Ufer, und Sie haben, wenn der Verkehr es Ihnen erlaubt, Gelegenheit, die berühmten Weinberge um Wösendorf und Joching gegenüber in Breitbandkolor zu betrachten.

Auch von hier geht, allerdings nur während der Saison, eine Rollfähre nach Weißenkirchen ans andere Ufer. Nach **Rührsdorf** hinein, in das neunhundert Jahre alte idyllische Weinhauerdorf, geht der Radweg an einem toten Donauarm entlang. Auch hier wieder bis nach Rossatzbach urwüchsige Buschenschenken am Wegrand und gemütliches Radeln durch die Aulandschaft.

Rossatz ist eine über tausend Jahre alte Siedlung. Hier mußten die Schiffszüge auf ihrem Weg donauaufwärts

TIPS & INFOS

Ausführliche Informationen finden Sie auf Seite 126f.

ROSSATZ/ARNSDORF

29 km von Melk
Einwohner: 1127
Höhe: 210 m ü. d. M.
Postleitzahl: 3602
Vorwahl: 0 27 14

Informationen

Gemeindeamt Rossatz
Tel. 217

ÜBERNACHTEN

Gasthof-Pension »Zur Wachau«
3621 Mitterarnsdorf
Tel. 82 17
Fax 84 44 13

Drüben sieht man Weißenkirchen und seine Weinberge liegen.

Marillen

Anfang April beginnt in der Wachau die Marillenblüte. An manchen Tagen liegt das durchsichtige, zartrosa überhauchte Weiß dann wie ein Brautschleier über der Landschaft, und wenn die Frühlingssonne die ersten Touristen in die Heurigengärten lockt, vollzieht sich das alljährliche Wunder des befruchtenden Pollenflugs. Wird es aber wieder kalt und garstig naß während der Blüte, fallen gar Nachtfröste von den Bergen ins Donautal, dann ist mit einer reichen Ernte Ende Juli nicht zu rechnen. Der Spitzer Marillenkirtag aber wird dennoch begangen werden.

Das dreitägige Fest am letzten Juliwochenende gehört zu den schönsten Festen, die in der Wachau gefeiert werden. Auf dem Kirchplatz in Spitz sind dann um den Brunnen herum Stände aufgebaut, an denen es all die Marillenköstlichkeiten gibt, mit denen die Wachau zu locken weiß: Marillenknödel – 2500 Stück, heißt es, verschwinden an so einem Wochenende in den Bäuchen der Besucher –, Marillenstrudel, Marillenlikör und der berühmte Marillenschnaps.

Marillen, wie die Aprikosen auf gut Österreichisch heißen, gab es, wie Ausgrabungen zeigen, schon zur Römerzeit. Im 17. Jahrhundert, so steht es in einem Brief des Hofmeisters Ruhmberger vom Salzburgerhof, werden sie in Oberarnsdorf kultiviert. Aber wirtschaftliche Bedeutung erlangten sie erst, als sie in den dreißiger Jahren und nach dem Zweiten Weltkrieg gute Preise erzielten und in großem Stil ausgepflanzt wurden. Doch die Wachauer Marille, deren Name heute EU-weit geschützt ist, ist eine launische Frucht. Sie ist nicht nur ungeheuer wetterempfindlich, sie entzieht sich auch jedem Versuch, ihr eine etwas arbeitsfreundlichere Wuchsform anzuzüchten. So muß sie wie eh und je als Meterstamm gezogen und mit Leitern bearbeitet werden. Dies und der Preisverfall durch Billigimporte in den siebziger und achtziger Jahren hat zu einem erheblichen Rückgang der Anbaufläche geführt. Und erst das gewachsene Qualitätsbewußtsein der Verbraucher, die für die ungleich aromatischeren Früchte der Wachau bereit sind, angemessene Preise zu bezahlen, und ein intensives Förderungsprogramm scheinen eine Trendwende einzuleiten. Für den Feinschmecker gleicht ein Besuch der Wachau Ende Juli/Anfang August daher einer Fahrt ins Paradies. Wo immer er einkehrt, wird er auf überraschende Kreationen der Wachauer Marillenküche stoßen. An den Straßen präsentieren die Bäuerinnen duftende Obststeigen. Und wer in Weißenkirchen bei Karl Holzapfel im Prandtauerhof oder bei Josef Jamek, bei Franz Hirtzberger in Spitz und Gerhard Salomon in Schwallenbach oder auf der rechten Donauseite in Oberarnsdorf bei Rudolf Hick nach einem Marillenbrand fragt, kann sicher sein, vom Besten zu bekommen, was in der Wachau von der Marille gebrannt wird.

(Seite 47 ff) die Uferseite wechseln, also auch die Pferde übersetzen. Die volksetymologische Erklärung des Ortsnamens sagt es. Schöne alte Häuser aus spätgotischer und barocker Zeit prägen das Ortsbild. Der Pranger auf dem Marktplatz weist auf lange währende eigene Gerichtsbarkeit des Fleckens hin. Die Pfarrkirche ist häufig umgebaut worden und wirkt stilistisch ein wenig uneinheitlich. Das Schloß mit schönen Arkadengängen im Innenhof gehört einer Agrargemeinschaft, die bereits 1889 gegründet wurde. Vor den Toren des Ortes, am Rande der Donauauen, betreibt Josef Fischer, Wein-

Im April ist die Wachau ein Blütenmeer.

gutsbesitzer, eine **Huchenzucht.** Huchen, dem Lachs verwandte Salmoniden, waren früher häufig in der Donau. Seit der Stromberuhigung infolge der Kraftwerkbauten sind sie nicht mehr zu finden. Damit die Huchen nicht ganz aussterben, züchtet Fischer Besatzfische, die Jahr für Jahr zu Tausenden in österreichischen Flüssen ausgesetzt werden. Zum Verzehr ist der sehr wohlschmeckende Fisch beim Züchter weder für Geld noch für gute Worte zu haben.
Auf dem Weiterweg durch Wein- und Obstplantagen nach **Rossatzbach** gibt es noch eine letzte Möglichkeit, vor Mautern das Ufer zu wechseln: eine Motorfähre nach Dürnstein für Radler und Fußgänger. Hier sollten Sie sich ein Weilchen am Ufer niederlassen und die Dürnsteiner Kulisse auf sich wirken lassen. Von keiner anderen Stelle aus ist sie eindrucksvoller. Hinter Rossatzbach wird der Uferstreifen wieder enger. Mauerreste zeigen an, wo die Talbewohner eine Sperre gegen die Türken errichtet hatten. Unter einem Felsen her, der

ESSEN

Gasthof »Zur Wachau«
siehe oben
geöffnet: Di–So, im Winter Mi–So

Winzerstüberl
Rührsdorf 17
Tel. 384
geöffnet: Mi–So 11–24 Uhr

»Thiery-Keller«
Rührsdorf
Tel. 505
geöffnet: Mo, Do, Fr ab 16 Uhr, Sa, So ab 13 Uhr

HEURIGE

(Öffnungszeiten siehe Heurigenkalender)

Rudolf Hick
Oberarnsdorf 58
Tel. 82 14

Josef und Josefa Hick
Mitterarnsdorf 61
Tel. 84 91

Heurigenhof und Weinbau Polz
Rührsdorf 22
Tel. 326

EINKAUFEN

Wein

Josef Hick
Mitterarnsdorf 61
Tel. 84 91

Marillen und anderes Obst

während der Erntezeit an Obstbauernständen entlang der Bundesstraße 33
Mai: Kirschen
Juli: Marillen
August: Marillen, Pfirsiche
September: Weintrauben, Äpfel
Oktober: Weintrauben, Äpfel

Wachauer Rebsortenspiegel

Wachauer: sauer! Das war vor noch gar nicht langer Zeit eine beliebte Kurzformel, wenn es darum ging, die Weine der Wachau zu charakterisieren. Man nahm sie zu Zeiten der k. u. k. Monarchie, um die zwar modischen, aber flachen ungarischen Weine ein wenig aufzufrischen oder um Essig aus ihnen zu machen. Im

übrigen trank man Wachauer Wein als Dürnsteiner oder Spitzer, ohne lang nach der Rebsorte zu fragen. Und ob er in den vielen hundert Jahren seiner Existenz als täglicher Klostertrank – einen guten Liter Wein pro Tag billigt der heilige Benedikt seinen Brüdern zu – eine kulinarische Sensation oder angesichts der zweifelhaften Wasserqualität nicht vielmehr einfach nur ein hygienisch einwandfreies Grundnahrungsmittel war, darüber kann man lange diskutieren. Kurz: Das Wachauer Weinwunder ist erstaunlich jungen Datums (Seite 28f). Und um die für die Wachau besonders geeigneten Rebsorten hat man sich auch erst richtig Gedanken gemacht, als die Reblausplage in den zwanziger Jahren unseres Jahrhunderts eine Neuanpflanzung auf resistenten Unterlagen erforderte. So wundert es nicht, daß mangels historisch zweifelsfreier Herkunftsnachweise dankbar auf überlieferte Anekdoten und Volksmeinungen zurückgegriffen wird, wenn es darum geht, die hochgelobten Leitsorten des Weißweingebietes in die uralte Weinbautradition der Wachau einzubeziehen. Hartnäckig hält sich daher die Annahme, daß der Riesling aus der Gegend von Weißenkirchen stamme, wo der seit Jahrhunderten so benannte Ritzlingbach in die Donau fließt. Auch über die Herkunft des Neuburgers gibt es so manche Geschichte. Die beliebteste ist folgende: In den sechziger Jahren des letzten Jahrhunderts hätten zwei Oberarnsdorfer Winzer ein Bündel Reben in der Donau schwimmen sehen und es herausgefischt. Sie hätten die Reiser ausgepflanzt und vermehrt. Und weil die neuen Reben auf der anderen Donauseite, an den Hängen der Burg Hinterhaus, ungeahnte Qualitäten hervorbrachten, habe man sie Neuburger genannt. Im Spitzer Graben keltert man übrigens bis heute die ausdrucksvollsten Weine dieser Sorte. Damit nun aber das von den Findern beanspruchte Erstgeburtsrecht nicht völlig verloren ginge, haben die Arnsdorfer ihrem Neuburger ein Denkmal gesetzt. Dessen Geschichte ist dramatisch. Sie sollten sie sich einmal bei einem Glas Neuburger von einem Einheimischen erzählen lassen.

Listen wir die Weine noch einmal auf, die Sie bei den Wachauer Weingärtnern kosten und kaufen können. Da ist zunächst der edle Riesling. Seine brillante, von Steinobstnoten geprägte Frucht wird in guten Jahren nirgendwo in der Welt erreicht. Allenfalls die besten Rieslinge aus Deutschland können, wiewohl viel schlanker und daher im direkten Vergleich benachteiligt,

gegen sie antreten. Nur ein geringer Anteil der Rebfläche ist mit ihm bestockt, aber sein internationales Ansehen und sein Exportanteil rangieren weit vor allen anderen Weinen der Wachau.
Mit über fünfzig Prozent Anteil am Anbau steht der in Österreich heimische Grüne Veltliner weit an der Spitze der Wachauer Weine. Schenkt man ihm bei der Standortwahl und im Ausbau die gleiche Sorgfalt wie dem Riesling, steht der ehemals als Massenträger verschriene Wein diesem weder an Fruchtfülle noch an Langlebigkeit nach. Als Essensbegleiter ist er dank seiner neutralen Würze unübertroffen.

Auch den Neuburger findet man nur noch in Österreich. Aber mit wenigen Hektar Anbaufläche führt der ansprechend rustikale, grundehrliche Wein leider ein Schattendasein.
Auch Weißburgunder, Feinburgunder (Chardonnay) und der traditionelle Muskateller werden angebaut. Aber sie spielen nur eine untergeordnete Rolle im Sortenangebot der Wachau, ebenso wie die spärlichen Spätburgunder und St. Laurent, die unter der speziellen Pflege anspruchsvoller Weinmacher dennoch zu starken Persönlichkeiten heranwachsen können, die kennenzulernen sich immer lohnt.

Die Weinjahrgänge

Die Unterschiede zwischen den Weinen der einzelnen Jahrgänge sind in der Wachau womöglich noch größer als bei den Kremser Weinen oder bei denen im Kamptal. Die Witterungsverhältnisse besonders zur Zeit der Lese wirken sich hier noch unerbittlicher aus als anderswo. Dennoch, selbst Nachbarn kommen bei der Einschätzung der Wetteraussichten zu völlig unterschiedlichen Schlüssen, lesen zu früh oder zu spät, keltern großartige oder etwas grüne Weine. Für den Weinfreund gilt es daher, sich gerade in schwierigen Jahren durch Verkosten ein eigenes Urteil zu bilden. So können Jahrgangstabellen immer nur Orientierungshilfen sein. So zu Rate gezogen, werden sie allerdings manchen Umweg ersparen.

Jahrgangstabelle

für Weißweine aus Wachau, Kremstal und Kamptal
**** ausgezeichnet; *** sehr gut; ** gut; * mäßig

1970	**		1980	*		1990	****	Hochgenuß
1971	***		1981	***	austrinken	1991	***	Hochgenuß
1972	*		1982	**		1992	***	Hochgenuß
1973	***		1983	****	Hochgenuß	1993	****	Hochgenuß
1974	**		1984	*		1994	****	Hochgenuß
1975	**		1985	***	austrinken	1995	***	Anfang Trinkreife
1976	***		1986	****	austrinken	1996	***	liegen lassen
1977	****		1987	**	austrinken	1997	****	liegen lassen
1978	**		1988	***	Hochgenuß			
1979	****	austrinken	1989	***	austrinken			

TIPS & INFOS

Ausführliche Informationen finden Sie auf Seite 121ff.

MAUTERN

35 km von Melk
3 km von Krems
Einwohner: 3077
Höhe: 201 m ü. d. M.
Postleitzahl: 3512
Vorwahl: 0 27 32

Informationen

Stadtgemeinde
Tel. 8 31 51

MUSEUM

Römermuseum
Schloßgasse 12
Tel. 8 11 55
geöffnet: Anfang April–Ende Okt. Mi–So 9–12 Uhr

ÜBERNACHTEN

Genießerhotel Landhaus Bacher
Südtiroler Platz 2
Tel. 8 54 29
Fax 7 43 37

Hotel-Pension »Zum grünen Baum«
Rathausplatz 2
Tel. 8 29 09-0
Fax 82 96 06

ESSEN

Landhaus Bacher **
Südtiroler Platz 208
Tel. 8 29 37 oder 8 54 29
geöffnet: Mi–So 11.30 bis 14 Uhr, 18.30–21 Uhr

Hohen Wand, führt die Straße nach **Hundsheim**, das bereits zur Gemeinde Mautern gehört. In der kleinen Barockkirche, von Biasino 1628 anstelle eines früheren Kirchenbaus am Donauufer errichtet, gibt es ein Hochaltarbild vom Kremser-Schmidt. Kenner sagen, daß die Aussicht von der **Ferdinandswarte** (370 Meter) zu den schönsten der ganzen Wachau gehöre. Von Hundsheim führt ein Wanderweg dahin. Nach Mautern sind es jetzt nur noch zwei Kilometer. Vor der großen Brücke wenden Sie sich nach rechts ins Stadtzentrum. Lassen Sie sich in der Stadtgemeinde (am Rathausplatz 1) mit Informationsmaterial versehen.

Mautern entstand auf den Mauern von *Favianis,* einer der bedeutendsten Siedlungen an der norischen Nordgrenze des Weströmischen Reiches. Tausend Soldaten waren zu Zeiten seiner größten Macht in dem befestigten Lager stationiert, das vom 1. bis zum 5. Jahrhundert den wechselnden Einfällen barbarischer Stämme zu trotzen hatte. *Favianis* war auch, als das Ende des alten römischen Reichs schon abzusehen war, Wirkungsstätte des hl. Severin. Hier baute er ein Kloster. Das erste auf österreichischem Boden. Hier entfaltete er seinen segensreichen Einfluß auf das politische und soziale Geschehen seiner Zeit. Hierher wurden schließlich auch die Reste romanischer Bevölkerungsteile zusammengezogen, die gegen Ende des 5. Jahrhunderts auf Geheiß Odoakers nach Italien zurückgeführt wurden. Ausgrabungen und im Römermuseum zusammengetragene Fundstücke bestätigen, was schon aus der von seinem Schüler Eugippius aufgezeichneten Lebensgeschichte Severins über die Lebensumstände in *Favianis* geschlossen werden konnte. Was über das römische Mautern bis heute bekannt ist, vermittelt der von der Stadtgemeinde herausgegebene Führer, der im Römermuseum angeboten wird. Möglicherweise war Mautern auch nach dem Abzug der Römer ständig bewohnt. Als Mautstelle an der wichtigen Überfahrt nach Stein wird es bereits im 9. Jahrhundert *Mutarum* genannt, das Mutaren des Nibelungenliedes.

1276 erhielt Mautern das Stadtrecht. Zahlreiche sehenswerte Profanbauten zeugen von der Bedeutung Mauterns insbesondere nach dem Bau der 1463 errichteten ersten Brücke über die Donau. Als Beispiel mögen zwei Häuser in der Kirchengasse dienen: das nach einem Stadtrichter so benannte **Laspergerhaus**, heute Post, und, gleich daneben, das sgraffitigeschmückte **Göttweigische Eckhaus** von 1574. Das **Schloß**, bis zum

In den Außenbezirken von Mautern.

18. Jahrhundert Verwaltungssitz der Diözese Passau, wurde Mitte des 16. Jahrhunderts erbaut. Und der **Nikolaihof**, der bis 1803 Lesehof des Passauschen Chorherrenstifts St. Nikola war, entstand im 15. Jahrhundert auf den Mauern des römischen Kastells. Das renommierte Weingut, dessen Bestand sich bis zum Jahre 990 zurückführen läßt, zeugt mit seinen sicherlich ältesten Kellern der Wachau von der ungebrochenen Tradition Mauterns, das, wie wir von Eugippius wissen, bereits zu Römerzeiten über Weinberge verfügte.

In der schlichten **Pfarrkirche St. Stephan**, deren älteste Teile aus der Zeit um 1400 stammen, sind Kreuzwegbilder des Kremser-Schmidt zu sehen und das Grabmal seines Vaters Johann, das der Bildhauer vermutlich selbst entworfen hat. In der Margarethenkapelle aus dem 11. Jahrhundert sind gotische Fresken erhalten geblieben. In ihr war bis 1997 das **Römermuseum** untergebracht, das heute in den Mauern des alten Kastells seinen angemessenen Platz gefunden hat.

Das **Benediktinerstift Göttweig**, Schlußakkord am Ausgang der Kulturlandschaft Wachau, machtvoll und erhaben auf seinem Bergrücken hingelagert, wirkt insbesondere aus der Ferne noch gewaltiger als die Klosteranlage in Melk. Das »österreichische Montecassino«, nach den Intentionen seiner Bauherren »eine wehrhafte Stätte der Künste und Wissenschaften, ein Bollwerk des Glaubens«, erreichen Sie auf der Straße über die Markt-

WEINSTUBE

Nikolaihof
Nikolaigasse 3
Tel. 8 29 01
geöffnet: April–Juni; Sept.–Nov. Mi–Fr 17 bis 23 Uhr, Sa 12–23 Uhr

EINKAUFEN

Wein

Nikolaihof
Nikolaigasse 3
Tel. 8 29 01

Hutter
Silberbichlerhof
St. Pöltener Straße 385
Tel. 8 30 04

Ritterhelme und -rüstungen

Ewald Tanzer
Beethovenstraße 315
Tel. 6 13 02

TIPS & INFOS

Ausführliche Informationen finden Sie auf Seite 113f.

FURTH/GÖTTWEIG

3 km von Mautern
Einwohner: 2300
Höhe: 214 m ü.d.M.
Postleitzahl: 3511
Vorwahl: 0 27 32

Informationen
Marktgemeinde Furth
Tel. 8 46 22

MUSEUM

Benediktinerstift Göttweig
Tel. 8 55 81
geöffnet: Ostern–Oktober.
Kirche: frei zugänglich, Kaisertrakt und Ausstellungsräume nur innerhalb von Führungen täglich um 10, 11, 14, 15, 16, 17 Uhr

gemeinde **Furth**, einen alten Weinort zu Füßen des Göttweiger Berges. Das Kloster ist eine Gründung des Bischofs Altmann von Passau, der im Verlauf des Investiturstreites wegen seiner bedingungslosen Parteinahme für Papst Gregor VII. fliehen mußte und, gestützt auf die Passauer Besitzungen an der Donau und die Gunst des Markgrafen Leopold II., erheblichen politischen Einfluß entwickeln konnte. 1083 berief er Augustiner-Chorherren in das mit großen Ländereien ausgestattete Stift und ließ sie im Waldviertel, im Osten und im Voralpenland kolonisieren. Drei Jahre nach Altmanns Tod, 1094, wurde Göttweig Benediktinerstift. Nach dem Niedergang des Klosters während der Reformation und seinem auch wirtschaftlichen Wiedererstarken Ende des 17. Jahrhunderts erlebte Göttweig unter Abt Gottfried Bessel eine neue Blütezeit. Dank der Einkünfte aus den ausgedehnten Besitzungen, die dem Kloster den Beinamen »Kloster zum klingenden Pfennig« eintrugen und ihm auch heute noch Wohlstand sichern, begann er nach einem verheerenden Brand 1719 nach Plänen Johann Lucas v. Hildebrandts mit dem Neubau der barocken Klosteranlage. Leider wurde der Bau nur zu etwa zwei Dritteln in der vorgesehenen Form ausgeführt, so daß dem Besucher eine Reihe von Brüchen nicht verborgen bleiben. Wie das Stift nach der ur-

Eine Straße unterquert den Altarraum der Kirche von Furth.

Buschenschenken und Heurige

Wo »ausg'steckt is«, das zeigen strohgeflochtene Kränze und Sonnen oder Reisigbuschen an, gibt's den Heurigen, den jungen Wein der letzten Ernte. Buschenschenken oder Heurige nennt man die Einrichtungen, die dem Winzer erlauben, die Erzeugnisse seines Betriebes an Ort und Stelle zum unmittelbaren Verzehr anzubieten. Für viele Winzer ein wichtiger Aspekt in ihrer wirtschaftlichen Gesamtrechnung; immerhin neun Prozent der österreichischen Weinernte werden über den Heurigenausschank abgesetzt. Schon Karl der Große hatte den klösterlichen Weinbaubetrieben den Weinausschank an vorüberziehende Reisende gestattet. Nach langen Kämpfen erhielten 1679 auch die kleinen Winzer und Pächter endlich das Recht zugesprochen, ebenso wie die Herrschaftsgüter ihren Wein direkt abzugeben. Genau aufgeteilt wurde das Schankrecht: Die Herrschaft durfte im Sommer ausschenken, die Bauern im Winter! Mit dieser Scheingerechtigkeit machte Joseph II. 1784 Schluß: Er gestattete allen Weinerzeugern, ihre Produkte auf dem eigenen Hof zum Verzehr anzubieten. Das war die Geburtsstunde des Buschenschanks. Manch rühriger Winzer hat seither seinen Keller, seinen Hof oder Garten stimmungsvoll eingerichtet und zu einem vielbesuchten Treffpunkt gemacht. Und die Gastwirte der Nachbarschaft hätten allen Grund, ins Grübeln zu geraten, wenn die Aktivitäten der Heurigenwirte nicht auf einige Wochen im Jahr beschränkt wären. Meist stellen die Winzer während der vorher festgelegten Zeiten, über die der gemeindliche Heurigenkalender Auskunft gibt, einfach ein paar Tische und Bänke auf, an denen sie vierteleweise ihren Wein ausschenken und dazu Brote mit deftigen Aufstrichen wie Grammelschmalz (Griebenfett) oder Liptauer (Schafskäse- oder Topfenaufstrich mit allerlei Kräutern und Gewürzen kräftig abgeschmeckt), Brettljausen oder Kaiserfleisch mit Kren servieren. Herkömmlich auf diese Weise finden Sie's in den Dörfern am rechten Donauufer und in den Kellergassen des Kamptals. Aber es gibt auch Heurigenlokale, die mit dreihundert und mehr Plätzen ganz auf den massenhaften Tourismus eingestellt sind. So zum Beispiel in Krems und Umgebung. Die wahren Schmuckstücke aber, Edelheurige sozusagen, die mit viel Liebe eingerichtet und von der Winzerfamilie mit Sachverstand und erheblichem Einsatz geführt werden, die muß man sich zeigen lassen. Im allgemeinen werden sie von solchen Winzerfamilien betrieben, die auch bei Weinprämierungen ihres bedingungslosen Qualitätsbewußtseins wegen auffallen. Sie lassen's nicht beim Üblichen, setzen vielmehr ihren Ehrgeiz darein, regional Typisches aus heimischen Biobetrieben anzurichten: Ziegenkäse mit Kürbisöl, Kräuterterrinen, feine Pasteten von Geflügelleber oder Wild, Schinkenspezialitäten oder raffiniert marinierte Salate. Wir haben diesen Betrieben in unserem Adreßteil ab Seite 106ff ein Schneckensymbol verliehen. Ihretwegen lohnt es sich schon einmal, einen Reisetermin mit ihren Öffnungszeiten abzustimmen.

ESSEN

Gattingers Gasthaus
Furth
Tel. 8 45 26
geöffnet: Do–Mo

»Schickh«
Klein-Wien
Tel. 0 27 36 / 72 18
geöffnet: Fr–Di

EINKAUFEN

Wein

Weingut Malat
Furth-Palt
Tel. 8 29 34

Benediktinerstift Göttweig
Weinbaubetriebe
Dr. Wolfgang Unger
Kirchengasse 14
Furth bei Göttweig
Tel. 8 58 95

sprünglichen Planung hätte aussehen sollen, ist in einem Kupferstich dargestellt, der im Fürstengang zu sehen ist. Das an den gewaltigen Südtrakt sich anschließende **Klostertor** war eine durch die Einstellung der Bauarbeiten verursachte Notlösung. Von hier aus hatte der vor dem Eintretenden liegende Stiftshof nichts von dem Monumentalen, das den von der Donau her sich Nähernden geradezu einzuschüchtern droht. Offen wie der Hof eines großen Landschlosses präsentiert er sich. Leider werden die Besucher seit kurzem um das Kloster herumgeleitet. Die **Klosterpforte**, angelegt wie der Empfang eines Viersternehotels, befindet sich heute, so heißt es mit entwaffnender Offenherzigkeit, »aus wirtschaftlichen Gründen« neben dem weitläufigen **Klosterrestaurant**, das allerdings allein schon wegen seines unvergeßlichen Blicks auf das Donautal einen Besuch wert ist. Sie steigen von hier aus durch die »Klostergang« genannte Ausstellung zum **Stiftshof** empor. Gegenüber liegt nun mit ihrer klassizistischen Fassade die **Stiftskirche**, vor Ihnen der technisch bemerkenswerte **Brunnen**, der mit Hilfe einer Pumpanlage von 1742 für Frischwasser im Kloster sorgte und von einem Obelisken aus der Werkstatt von Johann Schmidt, dem Vater des Kremser-Schmidt, gekrönt ist.

Großartig in Ausdehnung und Gestaltung ist die dreigeschossige **Kaiserstiege.** Die Vasen und Skulpturen auf den Balustraden und in den Nischen stammen von Johann Schmidt, das Deckenfresko von Paul Troger. In den vom Stiegentrakt aus zugänglichen Sälen, Fürsten- und Kaiserzimmern werden in wechselnden Ausstellungen Stücke der reichhaltigen Stiftssammlungen gezeigt, die in der Bibliothek, in der mit über 20 000 Blättern größten privaten Grafiksammlung Österreichs und im Musikarchiv des Klosters aufbewahrt werden. Sie alle liegen im Klausurbereich des Klosters und bleiben dem Besucher normalerweise verborgen.

Die **Kirche**, die von der Brandkatastrophe des Jahres 1718 im wesentlichen verschont blieb, betritt man über eine große, geschwungene Freitreppe und durch einen Vor-

Kaiserstiege im Stift Göttweig.

raum mit gotischen Marmorgrabsteinen. Von hier aus führt linker Hand eine Treppe ins Lapidarium hinab, ein Relikt des spätgotischen Kreuzgangs mit Zugang zur Krypta. Das in Hellblau und Rosa gehaltene Langhaus der Kirche wurde 1642 barockisiert. Es bildet einen eigentümlichen Kontrast zu dem erhöhten Hochchor, dessen gotische Bausubstanz aus dem Jahre 1402 stammt. Prunkvoll mit Gold überzogen sind Hochaltar und Kanzel, beide von Hermann Schmidt gestaltet, der

Stiftshof mit der klassizistischen Fassade der Stiftskirche.

aus Eschen bei Antwerpen stammt und mit dem Kremser-Schmidt nichts zu tun hat. Dieser lebte rund hundert Jahre später und schuf die Altarblätter der Seitenkapellen, die dem Stiftsgründer Altmann und dem hl. Benedikt geweiht sind. Zwei Treppen führen vom Presbyterium in die Krypta hinab. Auf dem Altar steht dort die gotische Pietà aus dem 15. Jahrhundert, das Göttweiger Gnadenbild. In der Kapelle rechts sieht man auf einem Hochgrab die Figur des Bischofs Altmann, in der Apsis davor seinen in kostbarem Silber gearbeiteten Reliquienschrein. Das Deckenfresko über dem Hochgrab malte Martin Johann Schmidt.
Erkundigen Sie sich nach den im Kloster angebotenen Konzerten und kulturellen Veranstaltungen. Das Sängerknabeninstitut hat ein jahrhundertealte Tradition.

Ausgangsort:
STIFT GÖTTWEIG

Zielort:
KLEIN-WIEN

Länge:
2 KM
(200 METER HÖHENUNTERSCHIED)

Voraussichtliche Dauer des Ausflugs:
3 STD.

Im Tal der Ava – Bei Schickh's zum Essen

Vom **Göttweiger Berg** führen eine Reihe von Wanderwegen nach allen Richtungen ins Tal. Einer davon taucht dort, wo man am Ende der Straße zum ehemaligen Stiftsportal zu einer nach Süden blickenden Aussichtsbank kommt, rechts in den Wald hinein. Folgen Sie ihm. Er ist nicht allzu steil, aber mit hochhackigen Pumps nicht zu begehen. Gut eine halbe Stunde führt der schattige Weg zunächst durch niedriges Gehölz, dann durch lichten Wald nach **Klein-Wien.** Hier soll bald nach der Gründung des Göttweiger Stiftes in einem kleinen Frauenkloster Frau Ava gelebt haben, die erste Dichterin deutscher Sprache (»Leben Jesu«). Der Avaturm markiert die Stelle, wo einst das Kloster stand. Aber der Besucher ist abgelenkt. Noch vor Überschreiten der Bahnlinie weist rechts ein schick(h) aufgemachter Oldtimer-Waggon auf einen Gasthof mit Kultstatus: Schickh. Wer sich hier auf dem Kiesplatz zwischen Haus und grünbewachsenem Bahndamm unter schattigen Bäumen an geschmackvoll gedeckten Tischen erst einmal niedergelassen hat, wird keinen Sinn mehr haben für die ehrwürdige Ava und erst wieder aufstehen, wenn er pudelsatt ist und auch vom Apfelschmarrn noch gekostet hat. Wenn also gar nichts mehr geht. Wien ist kaum weiter weg als eine Stunde. Wen wundert's, daß auch Wiener Prominenz gern einmal nach Klein-Wien ausbüxt.

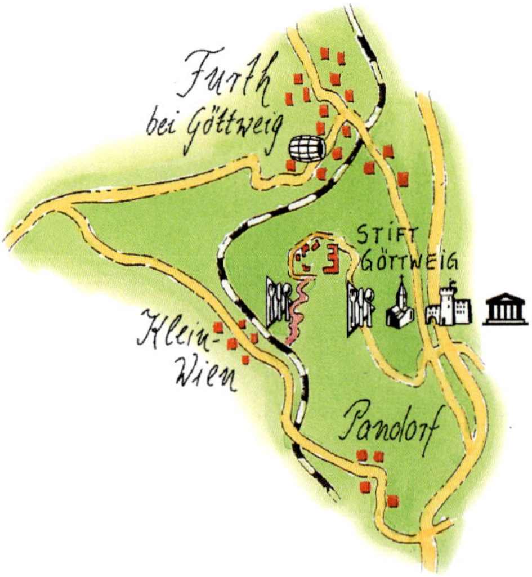

Benediktinerstift Göttweig, das »österreichische Montecassino«.

Sehen und verstehen

Die Burgen der Babenberger und Kuenringer

Nicht, als ob die Geschichte der Wachau und des Waldviertels erst mit ihren Burgen begonnen hätte. Aber als Stein gewordene Geschichte setzen diese Bauwerke doch dem heute Reisenden weithin sichtbare Zeichen und erwecken seine Neugier. Wer baute sie und wozu dienten sie? Blicken wir kurz zurück.

Nach der Völkerwanderung waren es Bayern, die sich die Donau hinab nach Osten ausbreiteten; im Kampf erst mit den Slawen, dann mit den Awaren, schließlich mit den Ungarn. Als diese 955 von Otto I. geschlagen waren, konnten

Ruine der Kuenringerburg Dürnstein.

bayerische Sippen endgültig Fuß fassen im Donautal zwischen Enns und Krems. Auch die bereits von Karl dem Großen an bayerische Bistümer und Klöster übereigneten Besitztitel an den Ufern der Donau wurden bestätigt. 976 erhält Leopold I. aus dem mainfränkischen Geschlecht der Babenberger die Ostmark als Lehen. Er wählt Melk zur Residenz und beginnt mit Hilfe seiner Ministerialen die systematische Unterwerfung der slawischen Siedlungen im »Nordwald«. 1041 zerstören sie den slawischen Herrschaftssitz am Schanzberg, bauen unweit davon hoch über dem Kamp eine Burg und verlegen 1090 ihre Residenz nach Gars. Eine der bayerischen Sippen, deren Mitglieder sich später die Kuenringer nennen sollten, tat sich bei der Kultivierung des Waldviertels besonders hervor. Von Heinrich IV. erhielt Azzo, ihr Stammvater, im Jahre 1056 unweit vom heutigen Eggenburg drei Königshufen Land, wodurch die Kuenringer, obwohl als Ministeriale den Babenbergern untertan, zugleich eine gewisse Reichsunmittelbarkeit erlangten. Möglicherweise trug das dazu bei, daß sie in den folgenden dreihundert Jahren zwischen Dunkelsteiner Wald und Böhmischer Grenze zu so außergewöhnlichem Einfluß kamen. Im Nordwald führten sie Rodungen durch, gründeten Siedlungen und ließen zur Demonstration ihrer und der Markgrafen Macht und zum Schutz der Bevölkerung Burgen bauen, nicht selten so gereiht, daß optische Verständigung untereinander und frühzeitige Warnung möglich war. Das war im 12. Jahrhundert.

Auch Burg Hinterhaus bauten die Kuenringer.

Rappottenstein zum Beispiel wird im Zuge dieses Befestigungsgürtels gebaut und auch Burg, Stadt und Stift Zwettl. So effektiv war das alles, daß Kaiser Friedrich I. Barbarossa bereits im Jahre 1179 die böhmische Grenze festschreiben konnte, die bis heute unverändert geblieben ist.

Die Ausübung weltlicher Hoheitsrechte war geistlichen Grundherren nicht erlaubt. Das galt in der Wachau wie anderswo. Mautrechte und Hochgerichtsbarkeit lagen in den Händen von Vögten. Mitgliedern der Kuenringer-Familie, geachteten Ministerialen des Markgrafen, gelang es, sich als Vögte einsetzen zu lassen. Sie sorgten für Recht und Ordnung, errichteten Burgen wie Aggstein, Spitz-Hinterhaus und Dürnstein und begründeten auf diese Weise ihre Macht in der Wachau. Über die Jahreswende 1192/93 verwahrten sie als Gefangenen ihres Landesherrn den englischen König Richard Löwenherz auf Dürnstein (Seite 36). Es gab keine treueren Vasallen. Bis nur eine Generation später der junge Herzog Friedrich II., der letzte Babenberger, auch der Streitbare genannt, die Macht seiner Edelleute unter Hinweis auf die notwendige Einheit des Landes zu beschränken begann. Die sich daraus entwickelnde Fehde (1231) verloren die Kuenringer. Auch den Kampf, den sie gut sechzig Jahre später 1295/96 in der selben Sache gegen den nun schon habsburgischen Herzog Albrecht I. führten. Ihre Burgen wurden gebrochen und ihre Macht schwand dahin. 1355 erlischt mit dem letzten männlichen Sproß die Dürnsteiner Linie der Kuenringer, 1594 stirbt die Familie gänzlich aus. Geblieben sind Burgen und Ruinen von Burgen, von Kuenringern gestiftete Klöster und Reste von Klöstern – und leider auch die der Wirklichkeit so gar nicht entsprechende Legende vom plündernden und brandschatzenden Raubrittergeschlecht, eine Legende, die, aus politischen Gründen irgendwann einmal in die Welt gesetzt, auch heute noch durch die Schul- und Geschichtsbücher geistert.

Ausgangsort:
WEISSENKIRCHEN

Zielort:
KREMS

Länge:
137 KM

Voraussichtliche Dauer des Ausflugs:

3 TAGE

Durchs Tal des romantischen Kamp

über Zwettl, Altenburg, Gars und Langenlois

Abstecher:

SCHLOSS ROSENAU

Durchs Tal des romantischen Kamp

Land der Burgen und der Stille

Wer sich aufmacht, das Hinterland der Wachau kennenzulernen, das Waldviertel, aus dem nachts der kalte Wind ins Donautal fährt, das Land der Burgen und des romantischen Kamp, an dessen Oberlauf der Wanderer kaum einen Menschen trifft, der sollte sich vor Augen halten, daß er Grenzland betritt. Dieses Land vor der böhmischen Grenze, einst von bayerischen Siedlergruppen, Rittergeschlechtern und missionierenden Mönchen slawischen Dorfgemeinschaften abgerungen, ist wäldlerisches Bauernland, klimatisch benachteiligt, schwer zu bewirtschaften und immer ein wenig im Abseits gelegen. Seine Bewohner, ein Viertel von ihnen auch heute noch in der Landwirtschaft tätig, viele als Nebenerwerbsbauern, fuhren zur Industriearbeit in die Stadt, waren im Forst tätig oder in der Fischzucht. Dabei war auch früher schon das Stift Zwettl kreative Mitte und Ausgangsort für neue landwirtschaftliche Betätigungsfelder und Techniken. Heute erarbeitet die Landwirtschaftsschule Edelhof auf einem der ehemaligen Meierhöfe des Stiftes mit ihren Studenten Strategien für naturnahen Landbau und modernes Fremdenverkehrsmanagement. Als »eines der letzten Reservate Österreichs« bezeichnete ein weltbekannter Designer, der mit seinem Team in dieser Region arbeitet, das Waldviertel. Und wie er haben sich in der wirkungskräftigen Abgeschiedenheit dieses Landes zeitweise oder auch für immer eine ganze Reihe bekannter

Blick von Burg Schauenstein auf eine Schleife des Kamp.

TIPS & INFOS

Ausführliche Informationen finden Sie auf Seite 109f.

ARMSCHLAG

28 km von Weißenkirchen
Einwohner: 120
Höhe: 750 m ü. d. M.
Postleitzahl: 3525
Vorwahl: 0 28 72

Informationen

Mohndorf Armschlag
3525 Sallingberg
Tel. 421

ESSEN

Gasthof Neuwiesinger
Armschlag 9
3525 Sallingberg
Tel. 421
Fax 42 14
geöffnet: Mi–Mo 10–23 Uhr

EINKAUFEN

Mohnöl

Familie Ing. Walter Weiß
Armschlag 17

Gasthof Neuwiesinger
Armschlag 9

Künstler Arbeitsstätten errichtet. Hundertwasser zum Beispiel oder Karl Korab.

Ob sich Ihnen der verhaltene Charme dieses Landes auf einer dreitägigen Rundreise mitteilen wird, wird nicht zuletzt davon abhängen, wie weit Sie bereit sind, sich ihm zu öffnen. Da mag es Ihnen ergehen wie mit der Wünschelrute, die man Ihnen auf dem Dürnhof (Seite 88) in die Hand geben wird: Es kommt auf die Sensibilität des Nervensystems an, ob sie ausschlägt. Erwarten Sie keine durchgestylten Haubenrestaurants unterwegs und keine Hotels internationalen Zuschnitts. Die wenigen Drei- oder Vier-Sterne-Häuser haben dafür individuelles, ja familiäres Flair zu bieten. Die Gasthöfe sind ländlich, die Speisen deftig und im Lande gewachsen.

Sie verlassen die kuschelige Wachau in **Weißenkirchen** den Hang hinauf auf der Straße nach Ottenschlag. Am Waldrand oberhalb des Vorderseiber werfen Sie noch einen Blick zurück ins liebliche Tal und tauchen dann ein in die Wälder und Rodungsinseln des südlichen Waldviertels. In **Kottes**, achtzehn Kilometer von Weißenkirchen, befindet sich in einer unscheinbaren Fleischhauerei die Zentrale der »Waldviertler Viktualien Vertriebsgesellschaft«, eine der zahlreichen Initiativen zur Entwicklung und Vermarktung naturnaher Landwirtschaft im Waldviertel (Seite 90). In **Ottenschlag** kommen Sie auf die Bundesstraße 36, der Sie durch reizvolle Waldstücke bis zum Hundertseelendorf **Armschlag** folgen, das sich Österreichs erstes Mohndorf nennt und sich mit allen seinen Aktivitäten dem Mohn verschrieben hat. Auf sieben Hektar blüht rings um Armschlag

Im Juli blüht überall im Waldviertel der Mohn.

im Juli der Mohn. Ein Mohnlehrpfad führt durchs Dorf. Und in fast jedem Haus gibt es Mohnprodukte zu kaufen. Beim »Mohnwirt Neuwiesinger« schließlich, dem Initiator dieser Pracht, können Sie probieren, was man aus Mohn alles machen kann. Auch Rezepte gibt es dort.

Das von Friedensreich Hundertwasser gestaltete Heimatmuseum in Roiten.

Weiter geht es auf der B 36 Richtung Zwettl. Zwei Kilometer nach dem Ort Grafenschlag folgen Sie links der Abzweigung nach Rappottenstein. Nach wiederum rund zwei Kilometern treffen Sie zum ersten Mal auf den Kamp, den romantischen Flußlauf, dem unsere Route nun im wesentlichen bis zurück zur Donau folgt. Hier liegt auch das Dorf **Roiten**, unweit dessen Friedensreich Hundertwasser eine Mühle besitzt. Ihm verdankt Roiten sein blau-bunt gestaltetes **Heimatmuseum**, in dessen Räumen wechselnde Ausstellungen Werke einheimischer Künstler zeigen und das in der Zeit von Mai bis Oktober jeweils am Wochenende geöffnet ist. Wanderfreunden, die dafür drei bis vier Stunden Zeit eingeplant haben, empfiehlt sich von hier aus ein Marsch auf dem Wanderweg 665 nach Utissenbachmühle (1 1/2 Std.) und auf der anderen Kampseite wieder zurück nach Roiten. Wer bis zum »Hotel Schwarzalm« (Seite 136) bei Zwettl weiterlaufen möchte (1 Std.), den fährt ein Wagen des Hotels zum Abholen seines Autos kostenlos nach Roiten zurück.

Der als Naturdenkmal geschützte Kampabschnitt ist bezeichnend für den Oberlauf des Flusses. Gewaltige Granitblöcke und Steinbarrieren zwingen sein Wasser über kleine Wasserfälle, durch ständige Strudel und spritzende Kaskaden.

Von Roiten aus, immer in Sichtweite des Kamp, der sich hier von dichtem Gebüsch begleitet in vielen Mäandern durch die Wiesen windet, führt die Straße weiter zum Ort und zur Burg Rappottenstein.

Burg Rappottenstein ist eine der wenigen Burgen, die nie erobert werden konnten. Dank dieser Tatsache und des Erhaltungsaufwandes, den die Grafen von Abensperg und Traun der Burg seit ihrem Erwerb im Jahre 1664 angedeihen ließen, ist Rappottenstein die einzige Burg des Waldviertels, deren Bausubstanz unbeeinträchtigt über fast neunhundert Jahre erhalten geblieben

TIPS & INFOS

Ausführliche Informationen finden Sie auf Seite 124.

RAPPOTTENSTEIN

46 km von Weißenkirchen
Einwohner: 2000
Höhe: 650 m ü. d.M.
Postleitzahl: 3911
Vorwahl: 0 28 28

Informationen

Gemeindeamt
Tel. 240
Zur Burg:
Traun'sche Forstverwaltung
Tel. 250

Die nie zerstörte Burg Rappottenstein.

ist. Wie an keiner anderen Burg kann man daher an ihr die Anlage mittelalterlicher Burgen und ihren Ausbau gemäß den jeweiligen Zeiterfordernissen studieren.
Die ältesten Gebäude der Burg, die im 12. Jahrhundert von Rapoto von Kuenring als Grenzwehr und Sperre einer alten Nord-Süd-Verbindung erbaut wurde, umschließen einen kleinen Innenhof, dessen romanischem Kern im Zuge seiner Ausgestaltung gotische Bauteile und dreigeschossige Arkadengänge aus der ersten Hälfte des 17. Jahrhunderts hinzugefügt wurden. Die baulichen Erweiterungen zu Füßen der Hochburg dienten vor allem der Verbesserung der Befestigungsanlagen. So entstand schließlich mit der Vorburg ein durchdachtes Verteidigungssystem mit sechs Toren und fünf Höfen.
Ein besonderes Schmuckstück der Burg ist die im Jahre 1378 errichtete gotische Burgkapelle, die in jüngster Zeit in ihrer ursprünglichen Schönheit wiederhergestellt werden konnte. Die Burg ist auch heute noch im Besitz der Grafen von Abensperg und Traun und wird zu Wohnzwecken und für verschiedene Veranstaltungen genutzt.
Fahren Sie nun zunächst auf der B 124, danach auf der Straße 38 nach **Zwettl.**
Die Anfang des 12. Jahrhunderts gegründete Stadt liegt in einem Talkessel am Zusammenfluß der Zwettl und des Kamp. An spektakulären Sehenswürdigkeiten ist sie nicht eben reich. Ansehen aber sollten Sie sich die **Propsteikirche** auf dem Berg zwischen den beiden Flüssen,

MUSEUM

Burg Rappottenstein
Führungen: Anfang Mai–Ende Sept. Di–So 10–17 Uhr, jeweils zur vollen Stunde

ÜBERNACHTEN

Gasthof Rotheneder
Rappottenstein 35
Tel. und Fax 204

ESSEN

Gasthof Rotheneder
siehe oben
geöffnet: Di–So ganztägig

auf dem auch noch die Reste der ehemaligen Kuenringerburg zu erkennen sind, und ein Bauwerk aus neuester Zeit: den Hundertwasserbrunnen auf dem Hauptplatz. Den besten Eindruck von der Stadt gewinnen Sie, wenn Sie vom Parkplatz des Stadtsaals aus am Antonturm der Stadtmauer vorbei zur Landstraße hinaufsteigen. Hier beginnt gleich die Fußgängerzone, der Sie vorbei an einigen schönen Barock- und Renaissancefassaden zum Dreifaltigkeitsplatz und zum Hauptplatz hinab folgen. Hier stehen das frühgotische **Rathaus** mit seinen bemerkenswerten Sgraffiti und der spielerisch ins Ensemble historischer Fassaden eingelassene bereits erwähnte **Hundertwasserbrunnen**. Einen schönen Abschnitt der alten Stadtmauer können Sie bewundern, wenn Sie über die Kuenringerstraße zur Zwettl hinab und dann die ihr folgende freundliche Promenade entlang wieder zu Ihrem Auto gehen.

Adepten des vergorenen Gerstensaftes seien noch darauf hingewiesen, daß in Zwettl eine weit zurückreichende Brautradition zu Hause ist, die von der Familie Schwarz auf besonders originelle Weise gepflegt wird. Die »**Privatbrauerei Zwettl**« bietet nicht nur Führungen mit anschließender Verkostung an, sondern führt zusammen mit dem »Hotel Schwarzalm« auch weit über das Waldviertel hinaus beachtete Bierseminare durch.

Drei Kilometer vor den Toren der Stadt, verborgen im Tal des Kamp, liegt dort, wo die Winternächte des Waldviertels am kältesten sind, das **Zisterzienserstift Zwettl**. Hadmar I., ein Kuenringer, der kurz zuvor mit dem Bau einer Burg die Stadt Zwettl begründet hatte, holte 1138 die als besonders streng und arbeitsam gel-

Frühgotischer Kreuzgang im Stift Zwettl.

TIPS & INFOS

Ausführliche Informationen finden Sie auf Seite 136f.

ZWETTL

47 km von Weißenkirchen
16 km von Rappottenstein
Einwohner: 5500
Großgemeinde 12 000
Höhe: 520 m ü. d. M.
Postleitzahl: 3910
Vorwahl: 0 28 22

Informationen

Gästeinformation
Gartenstraße 3
Tel. 5 24 14
Fax 5 24 14 50

MUSEEN

Privatbrauerei Zwettl
Syrnauer Straße 22–25
Tel. 5 00 51
geöffnet: Führungen mit Verkostung Mo–Fr 9–11 Uhr, 13–15 Uhr, Sa 10–11 Uhr

Zisterzienserstift Zwettl
Tel. 5 50 17
geöffnet: Führungen Ostern, Mai, Juni, Okt. So und Feiertag 11, 14, 15 Uhr, Sa auch 10 Uhr. Juli, August, Sept. auch 16 Uhr

Museum für Medizin-Meteorologie Dürnhof
Stift Zwettl
Tel. 5 31 80
geöffnet: Anfang Mai–Ende Okt. Di–So 10–18 Uhr

ÜBERNACHTEN

Unsere Adreßempfehlungen finden Sie auf Seite 136.

ESSEN

Hotel-Restaurant Schwarz-Alm *
Gschwendt 43
Tel. 5 31 73
Fax 5 42 73 11
geöffnet: ganzjährig ohne Ruhetag

Gasthof »Zum goldenen Hirschen«
Landstraße 49
Tel. 5 23 73
geöffnet: Mo–Fr und So mittag

CAFÉ

Café Mayrhofer
Landstraße 1
Tel. 5 24 20
geöffnet: täglich 8–1 Uhr

Schloßrestaurant Rosenau
3924 Schloß Rosenau
Tel. 58 22 10
geöffnet: täglich

EINKAUFEN

Handtaschen und Holzartikel

Christian Franzus
Landstraße 61
Tel. 5 24 53

Naturkost

Evi Naturkost
Kuenringerstraße 3
Tel. 5 30 55

Bauernmarkt
Kremserstraße 49
Tel. 5 37 32
geöffnet: von April bis Oktober jeweils am Freitag

Sonnentor Kräuter Handelsges.m.b.H.
(17 km südöstlich von Zwettl)
Sprögnitz 10
3910 Zwettl
Tel. 0 28 75 / 72 56

tenden Mönche des Ordens in den rauhen »Nordwald«. Er übereignete ihnen umfangreiche Ländereien mit der Aufgabe, sie zu kultivieren und das slawisch besiedelte Grenzland zu missionieren. Eine Aufgabe übrigens, der sich das Kloster bis heute verpflichtet fühlt. Vierzehn Pfarreien betreuen seine Patres, Forstwirtschaft und Fischzucht (»Zwettler Karpfen«) haben Tradition, und von seinen ehemaligen Meierhöfen gehen Initiativen aus, die das Waldviertel zu einer Keimzelle naturnaher landwirtschaftlicher Entwicklungen gemacht haben.
Von der mittelalterlichen Klosteranlage, die nur mittels einer Führung besichtigt werden kann, sind der frühgotische Kreuzgang mit dem Brunnenhaus, der Kapitelsaal und das Necessarium unverändert erhalten geblieben. Die gotische Hallenkirche wurde barockisiert. Beachtung verdienen insbesondere der auf die Gründungslegende hinweisende geschnitzte Hochaltar und das von den Mönchen selbst gefertigte Chorgestühl. Berühmt

Schloß Rosenau.

sind auch die beiden Orgeln der Stiftskirche. Während die kleine, höchst ungewöhnlich in der Kanzel versteckte Chororgel jeden Sonntag ertönt, wird die prachtvolle Barockorgel des Orgelbauers Egedacher auf der Westempore nur zu festlichen Anlässen und während des sommerlichen Orgelfestivals gespielt. Zwei ehemalige Meierhöfe des Klosters, wenige Kilometer nordwestlich beziehungsweise südöstlich von ihm gelegen, werden heute auf bemerkenswerte Weise genutzt.
Dürnhof beherbergt ein weltweit einzigartiges **Museum für Medizin-Meteorologie**, auf dessen Gelände der Be-

Zum Freimaurermuseum Schloß Rosenau

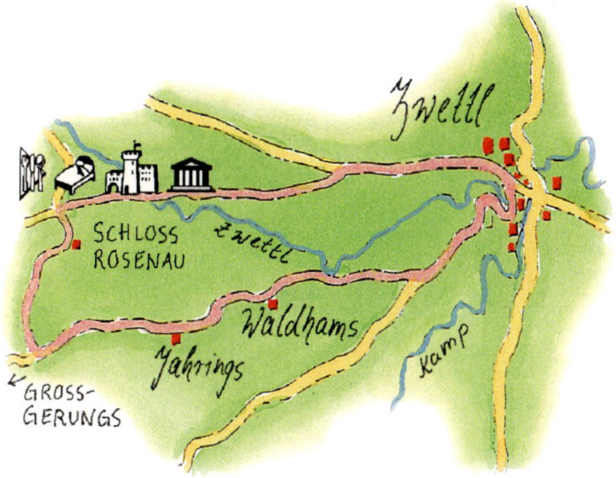

Sie verlassen **Zwettl** auf der Straße nach Weitra. Nach etwa vier Kilometern zweigt links die Straße nach **Groß-Gerungs** ab, auf der Sie nach weiteren fünf Kilometern gemütlicher Fahrt durch Wiesen und Felder auf ein Hinweisschild stoßen, das Sie nach **Schloß Rosenau** weist. Das von Josef Munggenast barockisierte Renaissanceschloß liegt mitten in einer lockeren Gutshofsiedlung aus dem 18. Jahrhundert. Es ist die letzte unverändert erhalten gebliebene Siedlung dieser Art in Mitteleuropa. Man kann sich die Anlage von einem Kutschwagen aus zeigen lassen. Das bis 1955 von der russischen Besatzungsmacht beschlagnahmte Schloß wurde 1974 renoviert. Dabei stellte man aufgrund freigelegter Wandmalereien fest, daß es im 18. Jahrhundert Sitz einer Freimaurerloge gewesen war. Die Großloge von Österreich entschloß sich daher, die rituellen Räume des Schlosses wiederherzustellen, sie für freimaurerische Zusammenkünfte zu nutzen und ein **Museum** in ihnen einzurichten. Dabei entstanden nicht nur eine informative Rückschau und ein außerordentlich beeindruckendes Zeugnis für Humanität und Toleranz, die Ideale der »brüderlichen Gemeinschaft«, sondern auch das weltweit einzige **Freimaurermuseum**, das sich in einer Originalloge des 18. Jahrhunderts befindet. Das Schloß dient im übrigen heute als Hotel-Restaurant, das aufgrund seiner Atmosphäre und der einzigartigen Lage inmitten einer unverletzten Wald- und Wiesenlandschaft besonders für Hochzeiten große Attraktivität genießt.

Ausgangsort:
ZWETTL

Zielort:
SCHLOSS ROSENAU

Länge:
9 KM

Voraussichtliche Dauer des Ausflugs:

3 1/2 STD.

4 STD.

Museum Schloß Rosenau
geöffnet: Führung von 90 Minuten Fr–So 15 Uhr

Österreichisches Freimaurermuseum
Schloß Rosenau
Tel. 0 28 22 / 58 22 10
geöffnet: täglich
9–17 Uhr

Das Kreativ-Zentrum des Waldviertels – der Edelhof

Was immer an Initiativen zu Aufbruch und wirtschaftlichem Neuanfang des Waldviertels in den letzten Jahren Bewunderung erregt hat, vom Edelhof nahm es seinen Ausgang. Einst ein Meierhof des Stiftes Zwettl, ist das Gut seit 1873 Sitz einer Landwirtschaftsschule – der größten Österreichs. Ihr Direktor, Adolf Kastner, ist Landesbeauftragter für das Waldviertel und damit dessen oberster Entwicklungshelfer. Zu seiner Unterstützung gründete er eine ebenfalls auf dem Edelhof angesiedelte Kreativgruppe namens »Waldviertel-Management«. Sie hatte die Aufgabe, Wege zu finden, aus der Rückständigkeit der benachteiligten Region Vorteile zu ziehen. Die landwirtschaftliche Struktur und die weitgehend unberührte, intakte Natur der Region gaben die Richtung vor. Man begann mit Sonderkulturen wie Mohn, Hopfen, Kräutern oder Flachs Nischenplätze zu besetzen und die gewonnenen Rohprodukte in der Region selbst zu hochwertigen Gütern zu veredeln. Dabei sieht es das Waldviertel-Management als seine Aufgabe, Eigeninitiativen, wo immer sie sich regen, zu stärken, innovative Unternehmen gründen und einrichten zu helfen, sie zu begleiten und sie schließlich mit anderen, ähnlich gestarteten Einrichtungen zu vernetzen. Es entstanden auf naturnahe Landwirtschaft zielende Vereine zur Förderung von Sonderkulturen und Tierhaltungsalternativen, deren Produkte unter dem Markenzeichen »Waldland« europaweit angeboten werden. Mitgetragen werden Initiativen wie der »Mohnhof« und das »Mohndorf« Armschlag (Seite 108), »die Käsemacher« (Seite 108), die »Waldviertler Viktualien« (Seite 108), die Kräuter-Handelsgesellschaft »Sonnentor« (Seite 108), die »Leinenstube Rastenfeld« (Seite 108), die Bauernmärkte des Waldviertels sowie einige bäuerliche Gästeringe, die sich des »Waldviertler Fremdenverkehrs-Managements« als Reiseanbieter und Vermittler bedienen. Aufbruch, wohin man auch sieht. Erst in den achtziger Jahren begann die Geburtshelferfunktion des Edelhofs deutlich und wirksam zu werden. Aber schon spricht man vom Waldviertel als dem »Feinkostladen Österreichs« und dem »Naturerholungsparadies Europas«. Schon suchen Gemeinden und Regionen mit ähnlichen Strukturproblemen, aus Ostdeutschland zum Beispiel oder aus der Slowakei, um Rat und Erfahrungstransfer am Edelhof nach. Und alles weist darauf hin, daß das Waldviertel binnen kurzem als die führende Ökoregion Europas an der Spitze einer notwendigen und gewünschten Landschaftsentwicklung stehen wird. Die Ansätze dazu sind jedenfalls für jeden Besucher mit Händen zu greifen. Der Geist, unter dem Stift Zwettl zu Beginn dieses Jahrtausends sein Wirken begann, scheint auf seinem alten Meierhof lebendig geblieben zu sein und in das neue Jahrtausend fortwirken zu sollen.

sucher auch seine Eignung als Wünschelrutengänger testen kann. **Edelhof** ist Sitz einer Landwirtschaftsschule und des »Waldviertel-Managements«. Von seinem unkonventionellen Leiter, Adolf Kastner, geht der Funke aus, an dem sich der allenthalben im Waldviertel zu beobachtende Aufbruch kreativer Kräfte entzündet hat (Seite 90).
Nach **Friedersbach** fahren Sie, wenn Sie den Edelhof besucht haben, über Mitterreith. Sonst nehmen Sie von Zwettl aus die B 38, die nach Horn führt. Friedersbach liegt ein wenig südlich dieser Straße. Es ist ein Zweizeilen- oder Breitangerdorf, wie man es so ursprünglich nicht mehr oft findet. Oberhalb des Ortes und weithin sichtbar liegt die bereits 1159 geweihte romanische **Pfarrkirche** mit ihren berühmten farbigen Glasfenstern aus den Jahren 1420 und 1479. Nebenan, auf dem die Kirche umgebenden Friedhof, steht ein gotischer Karner mit einem bemerkenswerten spitzgemauerten Kegeldach. Dieses Ensemble ist ein Ort, von dem ein ganz eigenartiger Zauber ausgeht. Versäumen Sie nicht, ihn zu besuchen.
Wenn Sie nun zum nahe gelegenen »**Waldlandhof**« wollen, müssen Sie einen Schlenker über Oberwaltenreith

Abendstimmung im Kamptal.

machen. Ansonsten kürzen Sie die Fahrt nach Rastenfeld über Wolfsberg und Werschenschlag ab. Unmittelbar nach Werschenschlag geht die Straße steil bergab zum Purzelkamp hinunter, an dem entlang ein besonders empfehlenswerter Wanderweg nach Norden, also nach Rastenfeld hinauf, oder nach Süden führt. Hoch über dem Purzelkamp klebt auf einer Felsnase die **Burg Rastenberg**, eine Höhenburg aus dem 12. Jahrhundert,

TIPS & INFOS

Ausführliche Informationen finden Sie auf Seite 113.

FRIEDERSBACH

8 km von Zwettl
Einwohner: 500
Höhe: 550 m ü. d. M.
Postleitzahl: 3533
Vorwahl: 0 28 26

Informationen
siehe Zwettl

ÜBERNACHTEN

Hotel Schweighofer
Friedersbach 53
Tel. 7 75 11
Fax 7 75 11 54

ESSEN

Waldviertler Stuben
Hotel-Restaurant
Schweighofer
siehe oben
geöffnet: täglich

EINKAUFEN

Bäuerliche Naturprodukte
Waldlandhof
Oberwaltenreith 10
Tel. 74 43

TIPS & INFOS

Ausführliche Informationen finden Sie auf Seite 124f.

RASTENFELD-OTTENSTEIN

15 km von Zwettl
Einwohner: 1800
Höhe: 570 m ü. d. M.
Postleitzahl: 3532
Vorwahl: 0 28 26

Informationen

Gemeindeamt Rastenfeld
Tel. 289

ÜBERNACHTEN

Hotel-Restaurant Ottenstein
Peygarten-Ottenstein 60
Tel. 2 51
Fax 2 51 26

Landgasthof Gamerith
Mottingeramt 41
Tel. 4 40
Fax 7 51 88

ESSEN

Schloßrestaurant Ottenstein
Ottenstein 1
Tel. 2 54
geöffnet: Mai–Okt., Mi–So

Landgasthof Gamerith
siehe oben
geöffnet: Fr–Mi ganztägig

die in ihrer Bausubstanz vollständig erhalten geblieben ist. Die Auffahrt zur bewohnten Burg ist gesperrt, die Burg selbst nicht zu besichtigen. Wer aber im Talgrund auf besagtem Wanderweg ein paar hundert Meter bis zur Hofmühle geht, kann sie in ihrer ganzen bedrohlichen Schönheit auf ihrem Felsen liegen sehen. In der Nähe der Burg haben ihre Besitzer, Christine und Georg Thurn-Valsassina, ein spirituelles Zentrum eingerichtet, »die Lichtung«, in dem Seminare und Kurse zu grenzwissenschaftlichen Themen abgehalten werden.

Weiter geht es steil bergauf bis zur B 37, der Sie links nach **Rastenfeld** folgen. Wenn Sie die »Leinenstube« oder das »Landgasthaus Gamerith« besuchen wollen, müssen Sie bereits nach etwa eineinhalb Kilometern die nach rechts abzweigende Straße nehmen. Zu den Stauseen und weiter Richtung Altenburg bleiben Sie dagegen noch wenige hundert Meter auf der B 37 und fahren dann weiter auf der B 38 durch **Peygarten** ins Tal. Rastenfeld mit Peygarten und Ottenstein ist touristisch voll erschlossen. Entsprechend ist der Betrieb in den Sommermonaten. Aber der **Ottensteiner Stausee** bietet mit seinen vierzehn Kilometern Länge und den vielen fjordähnlichen Seitenarmen so viel Platz, daß sich selbst größere Menschenmengen schnell verlieren. Motorboote sind auf keinem der zum Landschaftsschutzgebiet

Der Ottensteiner Stausee gleicht einer Fjordlandschaft.

Kamptal gehörenden Stauseen zugelassen. Aber ein Bootsverleih beim Terrassencafé hält Ruderboote, Tretboote und Elektroboote in ausreichender Zahl zur Verfügung. Auch für den Durchreisenden lohnt eine kleine Rundfahrt auf dem Stausee Ottenstein; denn selbst der Naturpurist wird sich dem Reiz dieser künstlich entstandenen Seenlandschaft nicht entziehen können. Wer sich darüber hinaus für die technischen Daten der drei Staustufen oder gar für eine Besichtigung des Turbinenhauses interessiert, erhält Auskunft bei der EVN (Energieverwertung Niederösterreich) Tel. 0 27 32 / 800 - 259).

Burg Ottenstein erreicht man, wenn man unterhalb der Staumauer mit der B 38 den Kamp überquert. Nach wenigen hundert Metern weisen Hinweisschilder nach links zum Schloß. Die Anfang des 12. Jahrhunderts begründete Anlage gehört heute der Winhagschen Stipendienstiftung, die sie an die EVN zur Nutzung durch das Schloßrestaurant und für Ausstellungen verpachtet hat. Im Zuge der Restaurierung des durch die Besatzung nach dem Kriege ziemlich verwahrlosten Gebäudes entdeckte man in der ehemaligen Burgkapelle Monumentalfresken, die vermutlich um 1170 geschaffen wurden.

Wenn Sie das Kamptal und seine Stauseen noch nicht verlassen möchten, können Sie für die Weiterfahrt nach Altenburg die Straße entlang des Dobrastausees benutzen. Von **Krumau** aus, im Mittelalter Sitz der landesfürstlichen Verwaltung, führen Nebenstraßen über Idolsberg, Wegscheid und Altpölla durch eine teils urtümlich gebliebene Landschaft wieder auf die B 38. Leider nur am Rande sei vermerkt, daß von Wegscheid aus einer der lohnendsten Wanderwege durch das hier wieder ursprüngliche Kamptal bis nach Rosenburg führt (Gehzeit fünf bis sechs Stunden). Schneller ist man am Ziel, wenn man die B 38 nicht verläßt. 25 Kilometer sind es von Ottenstein bis zum **Stift Altenburg.**

Ganz im Gegensatz zur gotischen Strenge und Verschlossenheit des Zisterzienserstiftes Zwettl steht die Weltoffenheit des fast gleichzeitig mit ihm 1144 gegründeten Benediktinerstifts Altenburg. Seine auf dem Uferfels hoch über dem Kamp erbaute, ursprünglich romanische Anlage wurde im Laufe seiner Geschichte mehrfach zerstört. Die wieder aufgebauten Gebäude aus

EINKAUFEN

Leinen

Leinenstube Rastenfeld
Rastenfeld 169
Tel. 77 26
Fax 74 40

SEMINARE

Seminarhaus Die Lichtung
Schloß Rastenburg
Tel. 360
Programme zu den spirituellen Kursen erhalten Sie in diesem Zentrum.

Innenhof der Burg Ottenstein.

TIPS & INFOS

Ausführliche Informationen finden Sie auf Seite 109.

ALTENBURG

40 km von Zwettl
Einwohner: 737
Höhe: 387 m ü.d.M.
Postleitzahl: 3591
Vorwahl: 0 29 82

Informationen

Gemeindeamt Altenburg
Tel. 27 65

MUSEUM

Stift Altenburg
Tel. 34 51
geöffnet: Führungen
Ostern–Allerheiligen (Nov.)
Di–So 10–18 Uhr

unterschiedlichen Zeiten wurden dem Repräsentationsbedürfnis der wiedererstarkten Kirche der Barockzeit nicht mehr gerecht. So ließ Abt Placidus Much die alten Klosterteile zuschütten und den Prandtauer-Schüler Josef Munggenast, der zur gleichen Zeit in Melk mitarbeitete und die Bauleitung am Chorherrenstift Dürnstein innehatte, einen barocken Um- und Neubau des Klosters vornehmen. In Göttweig und Melk bewährte Künstler, allen voran Paul Troger, halfen auch hier, ein Gesamtkunstwerk entstehen zu lassen, das in seiner monumentalen Pracht dem Kloster in Melk kaum nachsteht. Unvergleichlich ist der Blick aus dem Tal auf die 208 Meter lange Ostfassade. Im Südflügel dieses Gebäudeteils befinden sich Bibliothek und Krypta, im Nordflügel, dem Marmortrakt, die Prunkräume und die »sala terrena«, während die Apsis der Stiftskirche die Gebäudefront teilt wie der Bug eines Schiffes eine riesige Welle. Um die Kirche herum verteilen sich, dem Gelände entsprechend gewinkelt, Höfe und Gebäude.
Der Besucher betritt das Kloster vom Johannishof kommend durch den **Prälatenhof.** Hier findet er auch den »Klosterladen«, in dem neben den üblichen Schriften und Souvenirs auch die bäuerlichen Erzeugnisse des Waldviertels angeboten werden. Obwohl das Stift relativ frei zugänglich ist, empfiehlt es sich doch, sich einer der Führungen anzuschließen. Sie umfaßt sowohl die noch nicht abgeschlossenen Ausgrabungen des mittelalterlichen Kreuzgangs und die von ihm aus zugänglichen Räume wie auch den Bibliothekstrakt und die Stiftskirche. Die über zehntausend Schriften bergende **Bibliothek** ist von bestechender farblicher und architektonischer Harmonie. Ein Meisterwerk der einander ergänzenden künstlerischen Vorstellungswelten Munggenasts und Trogers. Heute finden in ihr, ebenso wie in der unter ihr liegenden, von Schülern Trogers reich mit allegorischen Darstellungen des Todes bemalten **Krypta,** Theaterveranstaltungen und Konzerte statt. Auch in der »sala terrena«, ihrer räumlichen Entsprechung unterhalb der Prunkräume des Marmortraktes, haben die Troger-Schüler die Wände mit verspielten Fresken dekoriert. Hier allerdings zeigen sie Szenen von Vitalität und Lebenslust. Nicht neu gebaut, aber von

In der Krypta des Stifts Altenburg.

Das Benediktinerstift Altenburg.

Grund auf barockisiert wurde die **Stiftskirche.** Ebenfalls ein Werk Munggenasts und Trogers, der das zentrale Kunstwerk der Kirche, das Kuppelfresko, schuf. Auch das Hochaltarbild, die Himmelfahrt Marias, stammt von ihm. Der Turm der Kirche verbirgt seine relativ schmucklose Basis hinter dem Osttrakt des Prälatenhofes. Trickreich hat Munggenast aus der Not eine Tugend gemacht. Den Mittelrisalit des Osttraktes gestaltete er so, daß er von der gegenüberliegenden Seite des Hofes, nahe dem Eingang zur Prälatur, anzusehen ist wie ein schmückender Teil des hinter ihm liegenden Turmes. Wer es einrichten kann, sollte an einer jeweils um acht und um zehn Uhr stattfindenden sonntäglichen Messe teilnehmen. Ein lange nachwirkendes Erlebnis, insbesondere wenn die Altenburger Sängerknaben dabei mitwirken, die hier im Internat zu Hause sind und den Ruhm des Stifts auf ihren Konzertreisen in alle Welt getragen haben.

In Altenburg verlassen Sie die B 38 und folgen der Straße, die nach **Rosenburg** und ins untere Kamptal hinabführt. Kurz vor dem Ortskern biegen Sie in die beschilderte Zufahrtsstraße ein, die sich in großen Schleifen zum **Schloß Rosenburg** hinauf zieht. Die im 12. Jahrhundert erbaute Burg gehörte zu der Burgenkette, die die Babenberger zum Schutz der Nordgrenze von ihren Ministerialen errichten ließen. Bedeutung erlangte sie als Hochburg des Protestantismus im 16. Jahr-

ESSEN

Von der B 38 4 km südlich Fuglau:
Gasthaus Dunkler
Steinegg 12
3591 Altenburg
Tel. 0 29 87 / 22 70
geöffnet: ganzjährig ohne Ruhetag

TIPS & INFOS

Ausführliche Informationen finden Sie auf Seite 125f.

ROSENBURG

44 km von Zwettl
Einwohner: 1000
Höhe: 260 m ü. d. M.
Postleitzahl: 3573
Vorwahl: 0 29 82

Informationen

Gemeindeamt Rosenburg-Mold
Tel. 29 17

MUSEUM

Schloß Rosenburg
Burgverwaltung Hoyos
Tel. 29 11
geöffnet: Freiflugvorführungen der Falknerei April–Nov. täglich 11 und 15 Uhr

ÜBERNACHTEN

Landgasthof Mann
Rosenburg 51
Tel. 29 15
Fax 2 91 57

hundert. Kurz vor der Wende zum 17. Jahrhundert wird sie zu einem Renaissanceschloß ausgebaut. Schon 1611 ging die Rosenburg wieder in katholische Hände über und wurde im Dreißigjährigen Krieg mehrfach verwüstet. Seit 1681 ist sie im Besitz der Grafen Hoyos, die ihr ihre heutige Gestalt gaben und eine Museumsburg aus ihr machten. Eine ihrer Hauptattraktionen ist die vom Grafen betriebene Falknerei. In den Monaten April bis

Schloß Rosenburg: Museumsburg mit Falknerei.

November werden Freiflugvorführungen mit Edelfalken, Adlern und Geiern durchgeführt. Der Besucher sitzt mit weitem Blick über die bewaldete Landschaft am Rande einer ausgedehnten Terrasse, Renaissancemusik ertönt, die Falkner erscheinen in ihrer historischen Tracht und lassen ihre gewaltigen Vögel wenige Meter vor Ihren Augen über den Rasen streichen oder sich hoch in die Lüfte schwingen. Und was da hart am Kitsch vorbei vor Ihnen abläuft, wird Sie mit Haut und Haaren gefangennehmen, und Sie werden verstehen, weshalb über die Jahrhunderte hinweg die Falkenjagd das Waidwerk der Könige war.
Wenn Sie jetzt weiter das Kamptal hinunterfahren, möchte man Ihnen wünschen, Sie könnten das Auto hier mit dem Fahrrad vertauschen. Die rund dreißig Kilometer lange Straße von Rosenburg bis Langenlois verläuft auf einer der wichtigsten Nord-Süd-Verbindungen vom nördlichen Waldviertel ins Donautal und ist entsprechend befahren. Der Autotourist wird dem lieblichen Zauber des unteren **Kamptals** nur begegnen und nur dann begreifen, wie dieses Tal nächst dem Semme-

ring um die Jahrhundertwende und lange Zeit danach zur beliebtesten Sommerfrische der Wiener hat werden können, wenn er die Durchgangsstraße immer wieder einmal verläßt und Füße und Augen umherwandern läßt. Das Kamptal bietet drei Alternativen dafür an, der Autostraße zu entfliehen: die Fahrt mit der Kamptalbahn auf einer der schönsten, ja genußvollsten Bahnstrecken Österreichs, den im Jahre 1997 fertiggestellten Kamptal-Radweg, dessen Befahrung man übrigens problemlos mit der Bahnfahrt kombinieren kann, und die Fußtour auf dem blau markierten »Unteren Kamptalweg«. Wenn Sie nicht eilig wieder nach Krems zurück wollen – das können Sie zur Not in einer guten halben Stunde schaffen –, können Sie von diesem Angebot auch als Autoreisender auf die unterschiedlichste Weise Gebrauch machen. Der Wanderweg verläuft auf weiten Strecken am gleichen Kampufer wie die Bahn. Wo nicht, sind Brücken in der Nähe der Haltestellen, die nicht weiter als drei bis fünf Kilometer auseinander liegen. Die Schienenbusse der Kamptalbahn verkehren praktisch alle Stunden. Fahrräder kann man an allen besetzten Bahnhöfen, also in Horn, Gars und Hadersdorf, mieten. Zurückgeben kann man sie an jedem Halt, muß dann aber 45 Schillinge für den Rücktransport zum Ausgangsbahnhof zahlen. Und sollten Sie unterwegs eine Erfrischung brauchen: Badestellen finden Sie unterwegs in Gars, Plank, Schönberg und Zöbing.

Der Ort **Rosenburg** verdankt sein Ortsbild dem Sommerfrische-Boom. Er besteht im wesentlichen aus Villen, die in den Jahren nach Eröffnung der Eisenbahnlinie 1889 erbaut wurden. Sehenswert sind der alte Bahnhof und die Eisenbahnbrücke über den Kamp, die aussehen, als seien sie einem Modelleisenbahnkatalog entnommen.

Auch **Gars** kann seine Vergangenheit als Sommerfrische der Prominenten nicht verleugnen. Überall an den Talhängen stehen die Villen der Gründerzeit. Wer vom Hauptplatz vorbei am Dunglschen »Bio-Trainings-Hotel« über die Babenbergerstraße zum Kamp hinunter geht, kommt mit der Suppépromenade in den Kurpark und stößt hier auf die Überreste alter Badeherrlichkeit. Vier hölzerne Badehäuschen aus dem Jahr 1914 werden noch genutzt. Das alte Badehaus von 1896 mit seiner Kabinenflucht ist nur noch zum Begucken da. Gegenüber aber, im Freibad auf der Thunauer Seite und auf einer hölzernen Fußgängerbrücke zu erreichen, strahlt rot-weiß gestreift der Badepavillon mit seinem achtecki-

ESSEN

Burgtaverne Rosenburg
Rosenburg 2
Tel. 29 06
geöffnet: Ostern–Nov.
täglich 9–17 Uhr

Landgasthof Mann
siehe oben
geöffnet: März–Dezember
Di–Sa und So bis 13 Uhr

TIPS & INFOS

Ausführliche Informationen finden Sie auf Seite 114f.

GARS AM KAMP

50 km von Zwettl
Einwohner: 3458
Höhe: 256 m ü.d.M.
Postleitzahl: 3571
Vorwahl: 0 29 85

Informationen

Fremdenverkehrs-Information Gars
Tel. 26 80

MUSEEN

Handelsmuseum
Gemeindehaus am Hauptplatz
Tel. 22 25
geöffnet: Besichtigung nach telefonischer Voranmeldung

Installationskunst
Am Wachtberg
Dieter Graf
Tel. 06 63/ 6 29 13

ÜBERNACHTEN

Unsere Adreßempfehlungen finden Sie auf Seite 114f.

ESSEN

Burgrestaurant »Pfiffig«
Burgruine Gars
Tel. 3 05 00
geöffnet: Mi–So

Bio-Trainings-Hotel Dungl »Rösslstube«
Hauptplatz 58
Tel. 2 66 60
geöffnet: täglich 10–24 Uhr

CAFÉ

Bäckerei und Konditorei Ehrenberger
Dreifaltigkeitsplatz 55
Tel. 22 41
geöffnet: Mo–Fr 6–22.30 Uhr, So 7.30–22.30 Uhr

EINKAUFEN

Wein

1. Österreichische Weingalerie »Vinum & Ars in Gars«
Rainharterstraße 19
Tel. 3 01 63

Naturkost

Viktualienmarkt Gars
geöffnet: Sa 8–12 Uhr

gen Aufsatz in alter Pracht. Auf der Thunauer Seite des Kamp liegt oben am Schloßberg auch die Ruine der alten **Babenberger Burg** und die Gertrudskirche sowie etwas außerhalb, auf der Goldberggasse und weiter zu Fuß zu erreichen, die Ausgrabungsstätte einer befestigten Slawensiedlung, deren Zerstörung 1041 die Landnahme durch die Babenberger besiegelte. Der Bau der Burg und die Verlegung der Babenberger-Residenz von Melk nach Gars sollte den Wechsel der Machtverhältnisse jedermann unmißverständlich vor Augen führen. Kern des Areals ist die aus dem 11. Jahrhundert stammende Hochburg, in der Leopold II. residierte. Sie ist umgeben von den verfallenen Gebäuden eines Renaissanceschlosses, das im 17. Jahrhundert errichtet wurde und auf dessen Hof im Juli und August jeden Jahres die Opern-Air-Festspiele stattfinden. Ein wenig unterhalb der Burg liegt die **Gertrudenkirche**, an deren Turmfassade sich ihre Baugeschichte gut ablesen läßt: die Wandlung von der Romanik zur Gotik. Wenn Sie sich im Pfarrhof am Hauptplatz (Tel. 22 38) den Schlüssel besorgen, können Sie im Chor die im Jahr 1330 gestifteten, berühmten gotischen Glasfenster mit Szenen aus dem Leben der hl. Gertrud und aus der Johanneslegende bewundern. Die Fresken stammen aus dem 14. und 15. Jahrhundert.
Bevor Sie Ihr Auto wieder besteigen, noch ein paar Hinweise für speziell Interessierte: Unmittelbar am Haupt-

Nostalgische Zeugen der Jahrhundertwende: der Musikpavillon im Kurpark von Gars und das Badehaus auf der Thuner Seite des Kamp (Seite gegenüber).

platz liegt das »**Bio-Trainings-Hotel Dungl**«. Es gibt kaum einen prominenten Sportler oder Manager in Österreich und darüber hinaus, der sich nicht seinen von Malaisen gekrümmten Körper schon einmal von Willi Dungl hätte geraderichten lassen. Nehmen Sie Hausprospekte mit, wenn Sie wissen wollen, wie Dungl Sie wieder auf die Beine stellt (siehe auch Seite 114). Im Gemeindehaus am Hauptplatz befindet sich ein originelles **Handelsmuseum** mit einem vollständig eingerichteten Kaufmannsladen aus dem 19. Jahrhundert. Und auf dem Platz davor spielt sich samstags einer der schönsten **Bauernmärkte** der Umgebung ab. Wenige Kilometer außerhalb, am Wachtberg, und erwanderbar von Tautendorf aus, läuft seit wenigen Jahren ein ehrgeiziges Programm moderner Objekt- und Installationskunst. Internationale Künstler installieren hier ihre Werke unter Einbeziehung der sie umgebenden Landschaft.

Die nun folgenden Orte Plank und Stiefern gehören zur Großgemeinde **Schönberg**, die fast bis Zöbing reicht. Sie liegen mitten im Naturpark Kamptal, dem zweitgrößten Niederösterreichs. Hier wird das Tal allmählich breiter, pannonisches Klima fängt an sich auszuwirken, und der Weinbau beginnt. In **Plank** gibt es noch das alte Flußbad mit dem hölzernen Badehaus. Das idyllische **Stiefern**, schon 902 urkundlich erwähnt, wartet mit dem nördlichsten Heurigen des Kamptals auf, und seine

TIPS & INFOS

Ausführliche Informationen finden Sie auf Seite 127f.

SCHÖNBERG AM KAMP

19 km von Gars
Einwohner: 1914
Höhe: 218–233 m ü. d. M.
Postleitzahl: 3562
Vorwahl: 0 27 33

Informationen

Gemeindeamt Schönberg
Tel. 227

ÜBERNACHTEN

Unsere Adreßempfehlungen finden Sie auf Seite 127.

ESSEN

Gasthaus »Zur Schonenburg«
Hauptstraße 38
Tel. 202
geöffnet: Mi–Mo

HEURIGE

(Öffnungszeiten siehe Heurigenkalender)

Familie Perteneder
Stiefern 53
Tel. 742

Weingärtnerei Josef Aichinger
Hauptstraße 15
Tel. 237 oder 411

EINKAUFEN

Wein

Weingärtnerei Josef Aichinger
siehe oben

Vinothek Stoamandl-Keller
Auskunft: Tel. 227

TIPS & INFOS

Ausführliche Informationen finden Sie auf Seite 131 f.

STRASS IM STRASSERTALE

27 km von Gars
7 km von Langenlois
Einwohner: 1600
Höhe: 208 m ü.d.M.
Postleitzahl: 3491
Vorwahl: 0 27 35

Informationen

Gemeindeamt Straß
Tel. 24 95

MUSEUM

Weinbau- und Faßbindereimuseum
Langenloiserstraße 199
Tel. 13 53 oder 24 95
geöffnet: März–Nov.
Mi 16–18 Uhr, Sa 14 bis 18 Uhr, So 9.30–11.30 Uhr, 14–18 Uhr

Unsere Adreßempfehlungen finden Sie auf Seite 131.

kleine Wehrkirche besitzt ein Altarbild vom Kremser-Schmidt. Friedrich Stowasser alias Friedensreich Hundertwasser ging hier zur Schule. **Schönberg** selbst, ein Weinort, dessen Anmut an die Wachau erinnert, ist bis heute ein Ferienort geblieben und tut viel für seine Gäste. Nicht nur ein Freizeitzentrum mit Schwimmbad hat es angelegt, sondern auch einen Wald-, einen Fluß- und einen Weinlehrpfad, die für zwei- bis dreistündige Erlebniswanderungen nur empfohlen werden können. Der an der Ausfahrt Richtung Langenlois gelegene »Stoamandl-Keller« mit seiner Vinothek der Schönberger Weinhauer ist Ausgangs- und Endpunkt des Weinlehrpfades. Fahren Sie hier nicht weiter, sondern auf der linken Flußseite über Schönberg-Neustift und Zöbing nach Straß. Folgen Sie dabei dem Kamptal-Radweg, der zwischen Kamp und den Weinstöcken des Heiligenstein entlangführt, in ein Weinbergsträßchen einbiegt und

Der Kalvarienberg, Endpunkt eines Kreuzwegs bei Schönberg.

gleich darauf ein kurzes Stück einer Art Feldweg folgt. Der mündet in eine Straße, die geradewegs nach **Straß im Straßertale** führt. Von 540 Hektar Weingärten umgeben, liegt der idyllische Ort am Südhang des Manhartsberges mit weitem Blick durch das offene Kamptal zur Donauniederung hin. Wenn Sie vom Marktplatz aus den Bach entlanggehen, haben Sie gleich vor sich die im 17. Jahrhundert erbaute Pfarrkirche, an deren Westfront die mit einem Außenfresko versehene Lorettokapelle angebaut wurde. Wenig weiter führt eine Kaisersteig genannte barocke Doppelbogenbrücke über den malerisch durch den Ortskern sich windenden Gscheinzbach. In nördlicher Richtung geht die Straße, vom Bach

Ein Kulturpark – was ist das?

Da haben sich elf Gemeinden einer von landschaftlichen, klimatischen und kulinarischen Vorzügen gesegneten Region zusammengetan, um sie, bereichert um einige kulturelle Attraktionen, unter dem Namen »Kulturpark Kamptal« einem nostalgisch verbrämten Vergessen zu entreißen. Obmann ist Abt Bernhard Naber OSB von Altenburg. Und wer bei der Ankündigung seinerzeit meinte, die Initiative als Fremdenverkehrswerbung abtun zu können, wird beim Lesen dieses Namens doch wohl noch einmal etwas genauer hingesehen haben. Schließlich ist der Ordensmann kein Unbekannter. Als Initiator und Organisator der Altenburger Musikakademie sowie der Musik- und Theater-Festspiele im Stift Altenburg hat er sich auch international einen Namen gemacht. Was hat es also auf sich mit dem Kulturpark Kamptal? Wir müssen hundert Jahre zurückdenken. Damals war das Kamptal die heiß ersehnte Sommerfrische der Wiener Gesellschaft. Mit Sack und Pack, mit Kindermädchen und Mamsell fuhr man für die Sommermonate in die ländliche Idylle dieses friedlichen Tals, in das der »Busserlzug« am Wochenende die Väter zu ihren Familien dampfte. Man baute sich Villen und Landhäuser hier und genoß im Kurpark zu Gars und, wenn man denn Zugang hatte, auf den zahlreichen Schlössern der Umgebung die teils bukolischen, teils kulturellen Wonnen des gesellschaftlichen Lebens. Das wandelte sich nach dem Ersten Weltkrieg und erfuhr einen Schnitt, als die Naziverwaltung 1938 in widerwärtiger Borniertheit Gars zur »arischen Sommerfrische« erklärte. Selbst zwei Generationen angestrengten Vergessens konnten die Verkrampfung nicht lösen. Aber das feinfühlige Konzept eines sanften Tourismus, das der Planung des Kulturparks zugrunde liegt, die weit in die erdgeschichtliche Vergangenheit und in das reichhaltige kulturelle Erbe dieser Landschaft zurückgreifende Führung der heutigen Besucher bieten die erfolgversprechende Chance für einen unbelasteten Neuanfang. Drei Eingangstore öffnen dem Interessierten drei unterschiedliche Erlebnisebenen: In Eggenburg erhält er eine Einführung in die erdgeschichtliche Entwicklung der Landschaft, die er an zahlreichen Erlebnispunkten im Verlauf zum Beispiel des Urzeitweges von Horn über Eggenburg nach Langenlois nachvollziehen kann. In Horn weist eine Übersichtsausstellung auf die kulturellen Schwerpunkte hin, und in Langenlois bekommt der Besucher einen Einblick in das Alltagsleben der Kamptalbewohner vergangener Jahrtausende, den er in den vielen liebevoll eingerichteten Museen vertiefen kann. Radwege wurden angelegt und beschildert, eine Radlkarte gedruckt, auf der die Erlebnispunkte des Kulturparks bezeichnet und erklärt sind. Zusätzlich erschlossen wird das Gebiet durch eine Broschüre mit dem Titel »Kulturspezialitäten«, in der die Veranstaltungsdaten des Jahres aufgeführt und erläutert sind. Kulturtips für Genießer in beachtlicher Vielfalt und Güte.

Umfassend informieren die Eingangstore Kulturpark Kamptal

3730 Eggenburg, Krahuletzplatz 1
Tel. 0 29 84 / 34 00
geöffnet: täglich 9–17 Uhr

3580 Horn, Wiener Straße 4
Tel. 0 29 82 / 2 37 21
geöffnet: zwischen Palmsonntag und Allerseelen täglich 9–12, 13–17 Uhr

3550 Langenlois, Ursin-Haus, Kornplatz 5
Tel. 0 27 34 / 2 00 00
geöffnet: Mo–Fr 10–12 Uhr, 13–18 Uhr, Sa, So und feiertags 10–18 Uhr

TIPS & INFOS

Ausführliche Informationen finden Sie auf Seite 119ff.

LANGENLOIS

mit Gobelsburg und Zöbing
24 km von Gars
7 km nach Krems
Einwohner: 6700
Höhe: 221 m ü.d.M.
Postleitzahl: 3550
Vorwahl: 0 27 34

Informationen

Tourismusverein Langenlois
Kornplatz 5/Kamptalstraße 3
Tel. 20 00

ÜBERNACHTEN

Unsere Adreßempfehlungen finden Sie auf Seite 119.

und einem angenehmen Fußweg begleitet, zwischen dem Gaisberg und dem Wechselberg hindurch ins Straßertal und hinauf zur Ruine Falkenstein. Drei Kellergassen und einige Heurigenschenken weisen den Ort als gewachsenes Weinhauerdorf aus. Dokumentiert auch durch ein 1996 eröffnetes **Weinbau- und Faßbindereimuseum**, das vorbildlich aufbereitet die Originalwerkstätten und Arbeitsweisen des letzten Straßer Faßbinders zeigt und mit großer Detailkenntnis in die Arbeitswelt des Weinhauers einführt. Fossilienfreunde finden im nahen **Obernholz** als einen der Erlebnispunkte des Kulturparks Kamptal einen Fossilienschauraum mit im Gemeindegebiet gefundenen Versteinerungen von allerlei Meeresgetier, das vor 22 Millionen Jahren hier zugrunde ging.
Als letzten Ort der Kamptalrunde erreichen Sie über Kammern nach etwa vier Kilometern **Langenlois.** Folgen Sie auf der zum Zentrum führenden Wiener Straße den Hinweisen zum Kornplatz und zum Ursin-Haus. Hier erhalten Sie nicht nur jede Information über die mit 2300 Hektar Rebfläche größte Weinbaugemeinde Österreichs, Sie können auch über zweihundert Weine der Großgemeinde verkosten und zu Ab-Hof-Preisen kaufen. Als eines der Eingangstore zum Kulturpark Kamptal verfügt das **Ursin-Haus** (siehe Seite 101) über reichhaltiges Informationsmaterial zu Veranstaltungen, Ausstellungen, Konzerten und Festspielen, die im Laufe des Jahres auf Burgen und Schlössern des Kamptals und in den Klöstern stattfinden. Es vermittelt darüber hinaus Führungen, Anglerkarten und Fahrräder. Auch Unterkunft selbstverständlich. Denn mit Hotels ist Langenlois nicht gerade reich gesegnet. Und wer zum Abschluß der Rundreise noch einmal richtig gut essen oder einen seelenwärmenden Heurigenabend erleben möchte, fährt besser nach Zöbing oder in eines der anderen kleinen Weindörfer hinaus, die zur Großgemeinde zählen. Auf einem Stadtrundgang sollten Sie sich einige der alten »Vierzigerhäuser« und die Stadtpfarrkirche ansehen.

Im Weinbau- und Faßbindereimuseum von Straß.

Erbauer der sogenannten **Vierzigerhäuser** waren reiche Handelsherren, die Patrizier von Langenlois, deren Vorfahren, vierzig an der Zahl, sich um das Jahr 1100 herum hier ansiedelten. Die stattlichen Anwesen, etliche im Stil der Renaissance um Arkadenhöfe herum gebaut, sind nur in Ausnahmefällen

Der Kornplatz von Langenlois mit dem Ursin-Haus.

auch von innen zu besichtigen. Den Harrerhof (Bahnstraße 6) kann man im Rahmen einer Führung betreten, das Haus der Familie Jurtschitsch in der Rudolfgasse als angemeldeter Weinkäufer. Jederzeit gern gesehen ist man natürlich im Langenloiser Hof, dem Gasthof am Kornmarkt, dessen Arkadenhof viel südliche Atmosphäre hat, und in einem der ältesten Vierzigerhäuser, dem Rathaus, das bereits im 14. Jahrhundert urkundlich erwähnt wird. Unmittelbar neben dem Rathaus steht die **Stadtpfarrkirche.** Die aus der Mitte des 13. Jahrhunderts stammende, später mit barockem Zierat versehene Kirche wurde Anfang der sechziger Jahre »regotisiert«. Die frühgotische Holzdecke wurde wiederhergestellt, Fresken aus dem 14. Jahrhundert freigelegt und ein gotischer Altar aufgestellt, dessen fehlende Seitenflügel von einem modernen Künstler, Helmut Kies, einem Maler des Phantastischen Realismus, neu geschaffen wurden. Das Äußere der Kirche, z. B. ihre barocke Westfassade, blieb jedoch erhalten. Schlendern Sie nun noch ein wenig am Loisbach entlang und suchen Sie sich dann Ihren Heurigen zum Abschiedstrunk. Oder gehen Sie – und das ist für Durchreisende nun wirklich noch ein Geheimtip – zu Ilse Gutmann im Gasthaus »Zur Schönen Aussicht« in Zöbing zum Essen.
Nach Krems sind es nur noch ein paar Kilometer. In zehn Minuten sind Sie da.

ESSEN

Gasthaus »Zur schönen Aussicht«
Heiligensteinstraße 34
3561 Zöbing
Tel. 23 34
geöffnet: Di–So 12 bis 14.30 Uhr, 18–21.30 Uhr; So bis 15 Uhr

Vorspannhof Mayr
3552 Dross
Tel. 0 27 19 / 23 42
geöffnet: Mi–Fr ab 17 Uhr, Sa, So ab 10 Uhr

CAFÉ

Café-Konditorei
Otto Swoboda
Walterstraße 6
Tel. 29 08

HEURIGE

Unsere Adreßempfehlungen finden Sie auf Seite 120.

EINKAUFEN

Wein

Bründlmayer
Zwettler Straße 23
Tel. 2 17 20

Sonnhof
Josef Jurtschitsch
Rudolfstraße 37–39
Tel. 21 16

Maria und Ludwig Hiedler
Am Rosenhügel 13
Tel. 24 68

Fred Loimer
Ziegelofengasse 12
Tel. 22 39

Erwin Retzl
3561 Zöbing
Heiligensteinstraße 9
Tel. 22 51

Schloß Gobelsburg
Schloßstraße 16
Gobelsburg
Tel. 24 22

Saatgut und Kulturpflanzen

Arche Noah
Obere Straße 40
3553 Schiltern
Tel. 0 27 34 / 86 15

Keller in Stiefern.

Wo der Grüne Veltliner zu Hause ist

Gut, daß es Willi Bründlmayer gibt. Auch jenseits der Grenzen Österreichs nennen Weinfreunde seinen Namen mit Hochachtung. Aber daß seine sechzig Hektar Reben im Kamptal liegen oder daß die zur Zeit vielleicht besten Weißweine Österreichs aus einem Keller des Kremstals stammen, wissen die wenigsten. Und das ist schade. Denn wo erst einmal Qualität ist, wächst Qualität nach. Ein edler Wettstreit ist ausgebrochen zwischen den ehrgeizigen jungen Selbstvermarktern um Krems und Langenlois, und selbst die Massenerzeuger, die großen Güter und Genossenschaften, haben das Niveau ihrer Weine um Klassen angehoben. Verwunderlich ist das nicht. Qualität und Originalität haben Konjunktur. Und die Gegebenheiten des Terroirs lassen sich mit denen der Wachau durchaus vergleichen. Hier wie dort wirken sich die Einflüsse der pannonischen Warmzone und der kühlen Luftbewegungen aus dem Waldviertel aus. Hier wie dort haben wir den Wechsel zwischen Urgesteinslagen und Ablagerungen von Löß und Lehm. Ein wenig anders verteilt, gewiß. Die Urgesteinverwitterungsböden treten seltener zutage, so daß die Kamptal-Weine im allgemeinen breiter, fülliger, säureärmer ausfallen. Aber was heißt das schon. Ein guter Winzer weiß, welche Rebsorte auf welchem Terroir am besten gedeiht und von welchen Sorten er unter bestimmten Verhältnissen lieber die Finger läßt. Die Lehm- und Lößböden an den Abhängen des Manhartswaldes und im Kremser Becken sind ideal für Müller-Thurgau, für weiche, füllige Grüne Veltliner und für den roten Zweigelt. Urgesteinsböden wie etwa die des berühmten Heiligenberges bei Zöbing bis hinüber zum Straßer Gaisberg oder bestimmte Rieden in Senftenberg bringen dagegen elegante, feinwürzige Grüne Veltliner und fruchtbetonte, geschliffene Rieslinge, auch Blaue Burgunder hervor. Überhaupt der Veltliner. Man sagt, er sei am Manhartsberg zu Hause. Hier findet er, der Löß- und Verwitterungsböden schätzt, jedenfalls die besten Bedingungen, um seine Vorzüge zur Geltung zu bringen: die fruchtbetonte Nase, die spritzige Leichtigkeit und seine ausdrucksvolle Würze mit dem Pfefferl im Abgang. Ideal zum alltäglichen Essen, ideal als Schoppen und am allerbesten beim Heurigen, wenn man über den sich wiegenden Rebzeilen sitzen und in den abendlichen Himmel träumen kann.

Flußidylle: der Kamp am Fuße der Rosenburg.

Tips & Infos

Ausführlicher Adreßteil

Hotels, Restaurants, Gasthäuser, Heurige, Cafés, Weinhandlungen, Spezialitätengeschäfte, Weingüter, Werkstätten, von Arcigola Slow Food ausgewählt.

Essen und Trinken

Zum Storchen	Restaurant mit guter Küche
Zum Storchen*	Restaurant mit bemerkenswert guter Küche
Zum Storchen**	Restaurant mit ausgezeichneter Küche, nicht versäumen

Restaurant, das uns besonders gut gefällt aufgrund seines gemütlichen Ambientes, der traditionellen Küche und der unverfälschten Gastfreundschaft

Die aktuellen Öffnungszeiten der Heurigen können Sie dem Heurigenkalender entnehmen, der bei der Gemeinde, der Touristeninformation, auch in Hotels und Bahnhöfen und natürlich bei den Heurigen selbst ausliegt. Sofern nicht anders angegeben, haben die Restaurants und Gasthöfe mittags und abends zu den üblichen Zeiten geöffnet.

Auf dem Weinwanderweg nach Weißenkirchen.

PERSONEN-SCHIFFAHRT AUF DER DONAU

Die DDSG, Donaudampfschiffahrtsgesellschaft, ist 1995 liquidiert worden. Neben der DDSG-Nachfolgegesellschaft führen auf der Strecke Melk – Spitz – Krems in der Saison auch noch andere Gesellschaften Linien- und Sonderfahrten durch. Fahrpläne und Tickets sowie Informationen über Sonder- und Themenfahrten erhalten Sie außer bei den Gesellschaften selbst bei der Austropa, 3504 Krems, Undstraße 6, Tel. 0 27 32 / 8 26 76.

DDSG Blue Danube Schiffahrt GmbH
Handelskai 265
1020 Wien
Tel. 01 / 72 75 02 22
Fax 72 75 04 40

Die DDSG Blue Danube bedient die Strecke von Wien nach Dürnstein. Mit der MS »Admiral Tegetthoff« fährt sie von Mai bis September jeweils sonntags schön gemütlich hin und wieder zurück oder schneller mit dem Tragflügelboot am Montag, Mittwoch, Freitag und Sonntag. Außerdem betreibt sie einen Liniendienst auf der Strecke Melk – Krems von Anfang April bis Ende Oktober mit der MS »Prinz Eugen« und von Anfang Mai bis Ende September zusätzlich mit der MS »Wachau«.

Brandner Schiffahrt GmbH, Familie Brandner
Ufer 50
3313 Wallsee
Tel. 0 74 33 / 2 59 00
Fax 25 90 25

Von Mai bis Oktober fahren auch die Brandners mit der MS »Austria« im Linienverkehr auf der Strecke Melk – Krems. Zusätzlich veranstalten die beiden Kapitäninnen Barbara und Birgit Brandner ein buntes Programm von Sonder- und Themenfahrten für Gourmets oder Musikliebhaber, für Familien mit Kindern oder Freunde von Grillparties. Sogar Floßfahrten mit dem Senior Kapitän Brandner, einem der letzten Flößer, stehen im Programm.

Donauschiffahrt Wachau
Rossatzbach 40
3602 Rossatz
Tel. 0 27 14 / 355
Fax 35 54

Die Gesellschaft bietet individuelle Charterfahrten an: für bis zu 24 Personen auf einer traditionellen Holzzille, für bis zu fünfzig Personen auf MS »Fliestein«, auf der auch Weinproben durchgeführt werden können.

Donauschiffahrt Ardagger
3321 Ardagger 155
Tel. 0 74 79 / 6 46 40
Fax 64 64 10

Diese Gesellschaft bedient die Strecke Linz – Krems im Linienverkehr von Ende April bis Ende Oktober. Jeweils am Sonntag, Dienstag und Donnerstag fährt ihr Schiff von Linz nach Krems und am Montag, Mittwoch und Freitag von Krems nach Linz.

Fähren

Zwischen Spitz und Hofarnsdorf sowie zwischen Weißenkirchen und St. Lorenz sorgen Rollfähren für die Überfuhr von Kraftfahrzeugen. Eine Motorbootfähre für den Personenverkehr einschließlich Fahrrädern verkehrt zwischen Dürnstein und Rossatzbach. Im allgemeinen fahren die Fähren in den Sommermonaten von 7 bis 19 Uhr. Die Fähre zwischen St. Lorenz und Weißenkirchen legt eine Mittagspause ein.

Fahrräder

kann man manchmal bei seinen Wirtsleuten leihen. In jedem Fall aber an den Bahnhöfen Krems (täglich 6.30–18.00 Uhr), Spitz (täglich 8.30 bis 17.00 Uhr) und Melk (täglich 7.00–20.00 Uhr). Ein Informationsblatt, das man in allen Tourismus-Informationsstellen bekommt, nennt die Fahrrad-Verleih- und -Reparaturstellen der Region. Der Regionalfahrplan gibt Auskunft darüber, welche Züge Fahrräder transportieren.

TYPISCHE PRODUKTE DER REGION

Naturprodukte direkt vom Bauern

Eine große Zahl von Bauern des Waldviertels, die sich einer naturnahen Bewirtschaftung ihrer Betriebe verpflichtet fühlen, haben ihre Absatzbemühungen unter dem Markenzeichen »Waldland« gebündelt. Landwirtschaftliche Produkte jeder Art, auch Freilandgeflügel, Kaninchen und Karpfen werden europaweit vertrieben durch die

Waldland Betriebs- und Handels Ges.m.b.H.
3533 Oberwaltenreith 10
Tel. 0 28 26 / 74 43
und

Waldland-Spezialitätengeschäft
Petersplatz 11
1010 Wien
Tel. 02 22 / 5 33 41 56

Käse

Die viel beachteten heimischen Käsesorten der Biobauern und Käsereien aus dem Waldviertel und dem Weinviertel werden in den meisten Feinkost- und Le-

bensmittelgeschäften der Region angeboten. Direkteinkauf ist möglich bei:

»Die Käsemacher«
Scheutz 3
3522 Lichtenau
Tel. 0 27 18 / 3 56
Fax 35 67
oder:
Raiffeisenstraße 23
3830 Waidhofen/Thaya
Tel. 0 28 42 / 52 51 70

Die Schaf- und Ziegenkäsespezialitäten, deren Bandbreite von Frisch- und Weichkäse über Rotschmier- und Weißschimmelkäse bis zu preisgekrönten Schnittkäsesorten reicht, werden von Montag bis Freitag von 8–12 Uhr zum Direktkauf angeboten.

Fleisch

Anfang der neunziger Jahre entwickelte eine Gruppe junger Leute in Kottes ein Konzept zur naturnahen Aufzucht und Vermarktung von Jungrindern, einer Kreuzung zwischen Angusstieren und Waldviertler Fleckviehmüttern, an dem sich inzwischen über 150 Landwirte beteiligen. Das besonders wohlschmeckende Fleisch der mit Muttermilch aufgezogenen Jungrinder wird über einen Zustelldienst an Gastronomie und Privatkundschaft in Wien und Niederösterreich ausgeliefert. Über eine grenzüberschreitende Erweiterung dieses überaus erfolgreichen Konzepts wird zur Zeit nachgedacht. Direkteinkauf und Bestellung sind möglich bei:

Waldviertler Viktualien Vertriebsges.m.b.H.
3623 Kottes 41
Tel. 0 28 73 / 5 15
oder
1130 Wien, Speisinger Str. 38
Tel. 02 22 / 8 02 90 36

Mohn

Als »Zwettler Mohn« wurde der Waldviertler Graumohn bis zum Jahr 1934 an der Londoner Warenbörse notiert. Danach wurde er durch Angebote aus dem Nahen Osten und aus Osteuropa preislich unterboten und verlor nach dem Zweiten Weltkrieg im Waldviertel jede Bedeutung. Erst die Besinnung auf den hohen gesundheitlichen Wert gerade des Waldviertler Mohnöls hat dazu geführt, daß heute wieder auf einer Fläche von fünfhundert Hektar Mohn angebaut wird, der viele Felder rund um Zwettl im Juli in eine Symphonie von Farben taucht. Kaltgepreßtes Mohnöl aus dem Waldviertel gehört mit 87–90 Prozent ungesättigten Fettsäuren und seinen Anteilen an Vitamin E und Lecithin zu den hochwertigsten Speiseölen überhaupt. Infolge seiner geschmackfördernden Eigenschaften kann es sparsamer verwendet werden als andere Speiseöle. Bei der Verwendung in Salaten sollte sein feiner Eigengeschmack nicht durch zuviel Essig zunichte gemacht werden. Erstklassiges »Waldviertler Edelöl« erzeugt der

Waldviertler Mohnhof
Familie Greßl
Haiden 11
3631 Ottenschlag
Tel. und Fax 0 28 72 / 74 49

Mohnsamen erhält man im

»Mohndorf« Armschlag
(siehe Seite 84 und 109)
und in allen Naturkostläden

Biologische Kräuterspezialitäten

Nach den Bestimmungen der EU-Verordnung für biologische Landwirtschaft und von der dafür gebildeten Kommission kontrolliert werden im grenznahen Nordwesten des Waldviertels, in der Gegend um Heidenreichstein, Kräuter angebaut. Für Heilzwecke und Tees, für Kosmetika und als Würzmittel. Hergestellt werden daraus die unterschiedlichsten Produkte, vom Kräuterkissen bis zum Badezusatz, von der Kräutercreme über den Heiltee bis zu ätherischen Ölen für die Aromatherapie.
Um die Vermarktung dieser Erzeugnisse kümmert sich die

Sonnentor Kräuter Handelsges.m.b.H.
Sprögnitz 10
3910 Zwettl
Tel. 0 28 75 / 72 56

Naturleinen

Getreu den Edelhof-Prinzipien (siehe Seite 90), vorhandene Ressourcen zu nutzen und die erzeugten Rohstoffe so weit wie möglich zu veredeln, haben sich Waldviertler Bauern zu der Genossenschaft »Waldviertler Flachsverarbeitung« zusammengefunden, die neben der Rohfaser in der »Leinenstube Rastenfeld« (Seite 92f und 125) auch Leinenstoffe in Meterware, Leinenbekleidung und Heimtextilien nach eigenen Entwürfen und in erstklassiger Qualität verkaufen.

Kontaktadresse:

Waldviertler Flachsverarbeitung reg.Gen.m.H.
Ing. Hubert Gassner
3532 Rastenfeld 169
Tel. 0 28 26 / 74 40

AGGSBACH-DORF

Vorwahl: 0 27 53

ÜBERNACHTEN

Gasthof-Pension »Zur Kartause«
Aggsbach-Dorf 38
Tel. 82 43
Fax 8 24 34
3 Sterne, 46 Betten
Zimmerpreise: EZ 300 ATS, DZ 550 ATS
Kreditkarten: keine

Das Haus, dessen Ursprung die Klostertaverne war, steht in ruhiger Lage direkt am Wald. Die Zimmer sind einfach und zweckmäßig.

ESSEN

Gasthof-Pension »Zur Kartause«
siehe oben
geöffnet: April–Okt. Mi–Mo
Plätze: im Lokal 100 und 120 im Saal, im Garten 80
Preise: Hauptgerichte 85–165 ATS
Kreditkarten: keine

Rustikal eingerichtet ist das Lokal: Holzbänke, schwere Tische und Stühle, Kachelofen. So ist auch das Essen: Hausmannskost der Region. Empfehlenswert die Kartäuser Suppe, bestehend aus Knoblauch, Kräutern und Schwarzbrotröstl mit einem Knödel dabei.

ALTENBURG

Vorwahl: 0 29 82

ESSEN

Gasthaus Dunkler
Steinegg 12
Altenburg
Tel. 0 29 87 / 22 70
geöffnet: ganzjährig ohne Ruhetag
Plätze: im Lokal 70, im Garten 70
Preise: Hauptgerichte von 60 bis 120 ATS
Kreditkarten: keine

Die ehemalige Mühle verfügt über den grünsten, erholsamsten, verwunschensten Wirtsgarten weit und breit. Die Sonne in seinen Strudeln spiegelnd macht der Kamp mit Geplätscher einen Bogen direkt auf die Terrasse zu, von der aus man ihm entgegenblinzelt. Wer hier auf seiner Kamptalwanderung oder neugierig von Fuglau her mit dem Auto vorüberkommt, wird seinen Schweinebraten mit besonderem Behagen essen und länger bleiben, als er eigentlich vorhatte. Sogar übernachten kann er. Für 430 Schillinge zu zweit im Doppelzimmer.

ARMSCHLAG

Vorwahl: 0 28 72

ESSEN

Gasthof Neuwiesinger »Mohnwirt«
Armschlag 9
3525 Sallingberg
Tel. 421
geöffnet: Mi–Mo 10–23 Uhr
Betriebsferien: keine
Plätze: im Lokal 80, im Garten 30
Preise: Hauptgerichte 80–140 ATS
Kreditkarten: keine

Selbstbewußt liegt zu Häupten des Dorfs der »Mohnwirt«, der Gasthof Neuwiesinger. Hier reifte die Idee zum »Mohndorf Armschlag«, und von hier gehen auch heute noch die Anregungen aus, die das Dorf weit über das Waldviertel hinaus zur Attraktion gemacht haben. In der heimeligen Gaststube läßt sich verkosten, was die Waldviertler seit Jahrhunderten aus Mohn und ihren spärlichen Feldfrüchten zubereiteten. Mohnzelten zum Beispiel, die sich als Mitbringsel eignen, Mohnknödel mit Hollerkoch oder die berühmten Waldviertler Mohnnudeln, für die Sie sich das Rezept geben lassen sollten.

EINKAUFEN

Mohnöl

Familie Ing. Walter Weiß
Armschlag 17

Das Mohnöl ist in drei Geschmacksvariationen erhältlich: Graumohnöl: feiner, milder Mohngeschmack

Blaumohnöl: kräftiger Mohngeschmack
Weißmohnöl: leicht nussiger Geschmack

DÜRNSTEIN

Vorwahl: 0 27 11

ÜBERNACHTEN

Hotel Schloß Dürnstein ⋆⋆
Dürnstein 2
Tel. 212
Fax 351
Fünf Sterne, 72 Betten, 3 Suiten
Preise: EZ 1550–1750 ATS, DZ 975–1500 ATS, Suiten 1900 ATS
Kreditkarten: Visa, Amexco, EuroCard, JTB, Diners

Als Fürst Starhemberg 1938 seinen Besitz in und um Dürnstein verkaufte, gingen die Weingärten an seine Pächter (Seite 33), das Schloß erwarb die Familie Thiery und baute es in jahrzehntelanger behutsamer Restaurierungsarbeit zu einem Luxushotel aus, das in der Wachau nicht seinesgleichen hat. Wer sich den Traum erfüllen möchte, in fürstlichem Ambiente zugleich stilvoll und komfortabel zu wohnen, sich verwöhnen zu lassen und sich dem Zauber einer paradiesischen Landschaft hinzugeben, er könnte es nirgends besser als in diesem Schloß auf dem Fels über der Donau.

Romantikhotel Richard Löwenherz ⋆
Dürnstein 8
Tel. 222
Fax 2 22 18
Vier Sterne, 71 Betten
Betriebsferien: 1. November bis Ende März
Preise: EZ 1200 ATS, DZ 840–965 ATS
Kreditkarten: EuroCard, Visa, Diners, Amexco

Die beschauliche Ruhe in den Mauern des ehemaligen Klarissenklosters, die stilvolle Ausstattung mit Antiquitäten und Kunstgegenständen, dazu der weitläufige Klostergarten mit Schwimmbecken sowie das erstklassige Restaurant (s. unten) geben dem Haus sein unnachahmliches Flair.

Gasthof »Sänger Blondel«
Dürnstein 64
Tel. 253
Fax 25 37
Kategorie A, 31 Betten
Preise: EZ 700 ATS, DZ 565 ATS
Kreditkarten: keine

Das Haus liegt gegenüber dem alten Klarissenkloster mitten im Ort. Familientradition ist sein Charme. Die Zimmer sind gediegen und zweckmäßig. Die Wirtsfamilie Schendl kümmert sich liebevoll und unauffällig um das Wohl ihrer Gäste. Das Parkplatzproblem wird durch eine Garage gemildert. Ein gutes Quartier für Radler.

ESSEN

Richard Löwenherz ⋆
Dürnstein 8
Tel. 222
geöffnet: täglich
Betriebsferien: November bis März
Plätze: im Restaurant 120, im Terrassengarten 120
Preise: Hauptgerichte 135–250 ATS, Menü 300–760 ATS
Kreditkarten: Visa, American Express, EuroCard, Diners

Schwer zu sagen, was den besonderen Reiz ausmacht: das historische Ambiente, der Terrassengarten mit dem Blick auf die Donau, der kompetente Service, die ausgezeichnete Küche. Es muß wohl der harmonisch aufeinander abgestimmte Gesamteindruck sein, der den Besuch des renommierten Hauses zum Erlebnis macht. Auf der Karte: Wiener Küche mit regionalem Akzent, Waldlandente zum Beispiel oder das Beste vom gekochten Rindfleisch mit seinen traditionellen Beilagen. Dazu kennerisch ausgesuchte Weine der Nachbarschaft.

Gasthof »Sänger Blondel«
Dürnstein 64
Tel. 253
geöffnet: Anfang März bis Ende November, Di–Sa durchgehend, So bis 16 Uhr. Im November nur am Wochenende geöffnet
Betriebsferien: 1. Juliwoche
Plätze: im Lokal 90, im Garten 90
Preise: Hauptgerichte 130–195 ATS
Kreditkarten: keine

An warmen Sommerabenden im Garten zu sitzen, umhüllt vom Duft blühender Pflanzen, den Blick auf den blaustrahlenden Turm der Stiftskirche und einen kräftigen Veltliner im Glas, das hat seinen Zauber. Familie Schendl legt Wert auf Einheimisches: eigene Marillenmarmelade, hausgebackenes Brot und die echten Laberln zum Frühstück. Zu den Mahlzeiten eine Auswahl Wachauer Gerichte von der Bärlauchsuppe über hausgemachte

Fleischknödeln und Schulterspitz bis zu den Marillenspezialitäten im Juli und August. Die Freien Weingärtner und das Weingut Alzinger liefern die Weine, die zu sehr vernünftigen Preisen auf den Tisch kommen. Und wenn einmal in der Woche der Zitherspieler kommt, dann – nun ja, dann ist's Wachau.

Goldener Strauß
Dürnstein 18
Tel. 267
geöffnet: Mi–Mo 10–22 Uhr
Betriebsferien: Mitte Januar bis Anfang März
Plätze: im Lokal 70, im Garten 50
Preise: Hauptgerichte 85–170 ATS
Kreditkarten: keine

Ein einfaches Gasthaus an der Hauptstraße. Zum Garten hat die Bedienung einen weiten Weg. Aber man ißt gut hier. Ulla Bräuer, die Pächterin, kennt die Bauern persönlich, von denen sie die Produkte für ihre Küche bezieht. Regionaltypisch, saisonabhängig und jung will sie ihr Angebot. Ihre Weine bezieht sie von den Topwinzern der Nachbarschaft.

Loibnerhof *
Unterloiben 7
Tel. 0 27 32 / 82 89 03
geöffnet: Mi–So 11.30–21.30 Uhr
Betriebsferien: Mitte Januar bis Mitte Februar
Plätze: 180
Preise: Hauptgerichte 100–250 ATS,
Menüs 290–410 ATS
Kreditkarten: keine

Seine Küchenlinie beschreibt Josef Knoll als gehoben bodenständig leicht und zubereitet unter Verwendung regionaler Produkte. Bescheiden, wie es seine Art ist, und Wort für Wort wahr. Der Küchenkünstler, von dessen Kreativität die einschlägige Presse schwärmt, weiß, wer seine Gäste sind und was sie bei ihm essen wollen. Da ist nichts Abgehobenes, nichts Artifizielles. Kutteln gibt's in Weißweinsoße (exzellent!), Wachauer Fischsuppe, gemischt gekochtes Rindfleisch, ausgelöstes Ochsenschlepp mit Serviettenknödeln in unterschiedlichen Zubereitungen und Hollerkoch zum Nachtisch. Dazu den Wein vom Vetter Emmerich Knoll. Und wer im sommerlichen Garten oder auf der weiträumigen Terrasse noch einen Platz finden möchte, womöglich gar am Wochenende, der sollte früh genug reservieren. Verpassen aber sollte er den Besuch im Loibnerhof nicht.

Wachauerstuben
Unterloiben 24
Tel. 0 27 32 / 8 59 50
geöffnet: Do–Di 9–23 Uhr, sonntags bis 18 Uhr
Betriebsferien: keine
Plätze: im Lokal 70, im Garten 40
Preise: Hauptgerichte von 75–145 ATS
Kreditkarten: keine

Ein Dorfgasthaus. Der Schankraum wie zu Großmutters Zeiten und eine Speisekarte, auf der die Jahreszeiten eine Hauptrolle spielen. Im Sommer gibt es, was die Gärten hergeben, dazu Pilze, Bärlauch, Fisch; im Herbst Gansl, Ente, Wild und hausgemachte Grammelknödl, Deftiges also. Danach natürlich Mohn- und Marillenspezialitäten. Der Wein kommt vom Ort. Vom Dinstlgut zumeist.

HEURIGE

(Öffnungszeiten siehe Heurigenkalender)

Alter Klosterkeller
Dürnstein
Tel. 292

Der während der Saison fast ständig betriebene Heurige liegt vor dem östlichen Stadttor Dürnsteins. Er gehört zum Weingut Tegernseerhof der Familie Mittelbach in Unterloiben. Die blitzsauberen Weine stammen aus Wachauer Rieden, aber auch von Reblagen in Krems und in Rohrendorf.

Christine Weixelbaum
Dürnstein 52
Tel. 422

Am westlichen Ortseingang Dürnsteins betreiben die Weixelbaums ihren sympathischen Heurigen. Auf die Teller kommt, was nun einmal üblich ist. Aber in ausgezeichneter Qualität. Die Weine sind leicht, aber konzentriert. Richtige Heurigenweine, von denen man auch mal ein Glas mehr verträgt.

Fam. Mag. Karl Brustbauer
Oberloiben 2
Tel. 0 27 32 / 8 73 00

Flüsterpropaganda erhob das Haus längst vom Geheimtip zum Lieblingsheurigen vieler Stammgäste. Der qualitätsbewußte Winzer veranstaltet Führungen durch seine Terrassenweingärten und Verkostungen im Weinkeller. Es gibt auch Schnaps und Marmelade von eigenen Marillen.

EINKAUFEN

Wein

Freie Weingärtner Wachau / Kellerschlössl (Seite 33)
Dürnstein 107
Tel. 371

Führungen durch das Kellerschlössl mit anschließender Verkostung finden am Dienstag und am Donnerstag statt, jeweils um 14.30 Uhr. Verkostungen sind aber auch während der üblichen Geschäftszeiten möglich. Wer mehr wissen will, sollte seinen Besuchstermin telefonisch mit dem Büro vereinbaren.

F. X. Pichler
Oberloiben 27
Tel. 0 27 32 / 8 53 75

F.X. Pichler gehört zu Österreichs Winzerelite. Seine Weine zählen zum Besten, was die Wachau zu bieten hat. Was Wunder, daß der Winzer sie häufig schon ausverkauft hat, bevor sie noch recht im Keller sind. Bedeutend sind vor allem die Smaragd-Rieslinge vom Dürnsteiner Kellerberg und vom Steinertal sowie die Grünen Veltliner von den von Pichler selbst gezüchteten Reben der Rieden Loibner Berg und Mühlpoint. Begehrte Raritäten sind sein Gelber Muskateller und der Sauvignon Blanc.

Emmerich Granner
Oberloiben 19
Tel. 0 27 32 / 7 17 54

Durchschnittlich hundert Hektoliter Wein ist der jährliche Ertrag, den Emmerich Granner von 3,2 Hektar Rebfläche erzielt. Seine möglichst unbehandelt ausgebauten Weine zeichnen sich durch kraftvolle Säure und üppige Extrakte aus.

Emmerich Knoll
Unterloiben 10
Tel. 0 27 32 / 7 93 55

Der Ausnahmewinzer gehört bereits seit Jahren zur Spitzengruppe der Wachauer Weingärtner. Wer seine Rieslinge, Veltliner und Feinburgunder verkosten und mit älteren Jahrgängen vergleichen möchte, geht am besten zu seinem Vetter Josef Knoll in den »Loibnerhof«. Der engen Zusammenarbeit zwischen Winzer und Koch ist wohl auch zu verdanken, daß die Weine Emmerich Knolls in ihrer harmonischen Art besonders gute Essensbegleiter und zu wahren Kultweinen geworden sind.

Leopold Alzinger
Unterloiben 11
Tel. 0 27 32 / 7 79 00

Neben Knoll und Pichler galt er lange als Geheimtip. Inzwischen steht Alzinger in der Bestenliste der österreichischen Winzer auf Platz zwanzig. Mit seinen Rieslingen rangiert er bei internationalen Vergleichsproben immer wieder ganz vorn. Brillant sein Feinburgunder, so heißt in der Wachau der Chardonnay, fruchtig-nußig mit einem zarten Gemüseton. Leicht und spritzig präsentieren sich die Grünen Veltliner aus den Tallagen, dicht und körperreich die Federspiel-Weine von den Terrassen.

Tegernseerhof
Franz Mittelbach
Unterloiben 12
Tel. 0 27 32 / 8 53 62

Verkostung und Einkauf der Weine dieses Sechzehn-Hektar-Betriebs erfolgen im »Alten Klosterkeller« (s. oben). Bemerkenswert fruchtig geraten die Rieslinge und Grünen Veltliner.

WG Dinstlgut Loiben
Unterloiben 51
Tel. 0 27 32 / 8 55 16

Die Winzergenossenschaft verfügt über rund vierhundert Hektar Rebfläche sowohl in der Wachau wie auch außerhalb. Seit Dr. Walter Kutscher 1994 die Leitung übernommen hat, ist die Zielsetzung Spitzenqualität, was sich an einigen lagenrein ausgebauten Rieslingen und Grünen Veltlinern ablesen läßt. Sehenswert ist der in den Granit gehauene Felsenkeller.

Backwaren und Süßigkeiten

Franz Schmidl
Bäckerei und
Café-Konditorei
Hauptstraße in Dürnstein
Tel. 224

Ihre Mehlmischung ist das streng gewahrte Geheimnis der »echten« Wachauer Laberl, jener krossen Brötchen-Spezialität, die auf keinem Wachauer Frühstückstisch fehlt. Der Großvater hat sie in den dreißiger Jahren erfunden. Und Morgen für Morgen beliefert Franz Schmidl die namhaften Wiener Hotels mit dem köstlichen Gebäck.
Daß Franz Schmidl in seinem »zweiten Leben« Winzer ist, sei nicht nur am Rande vermerkt. Mit seinem Acht-Hektar-Gut wurde er »Winzer des Jahres 1994« des Gourmet-Magazins Falstaff.

Weingut Johann Schwarz
Dürnstein 113
Tel. 280

Seine Vinothek betreibt der Winzer Ing. Johann Schwarz nur wenige Schritte außerhalb des Dürnsteiner Stadttors. Auch er ist durch eine Besonderheit bekannt geworden. Er bietet selbstfabrizierte Wachauer Winzertrüffeln und -pasteten an.

FRIEDERSBACH

Vorwahl: 0 28 26

ÜBERNACHTEN

Hotel Schweighofer
Friedersbach 53
Tel. 7 75 11
Fax 7 75 11 54
Vier Sterne, 92 Betten
Preise: DZ 520–570 ATS, EZ 620–670 ATS, Appartement 700–770 ATS
Kreditkarten: EuroCard, Visa, Diners, American Express

Das traditionsreiche Dorfgasthaus, in dessen alten Stuben sich auch heute noch die Bauern der Gegend treffen, hat sich im Laufe der Jahre durch Umbau früher anders genutzter Gebäudeteile zu einem ambitionierten Hotel mit Schwimmbad und Sauna, Café und Bar entwickelt, dabei aber nichts von seinem Charme als Familienbetrieb eingebüßt. Die Zimmer sind modern eingerichtet und mit allem Komfort versehen.

ESSEN

Waldviertler Stuben
Hotel-Restaurant Schweighofer
Friedersbach 53
Tel. 7 75 11
geöffnet: täglich
Plätze: im Lokal 200, im Garten 50
Preise: Hauptgerichte 70–200 ATS
Kreditkarten: EuroCard, Visa, Diners, American Express

Ob man als müder Wanderer oder zur Feier eines festlichen Ereignisses das Haus betritt, man findet für jede Stimmung sein passendes Stübchen. Auch die Küche paßt sich den Gästewünschen an. Deftigen Schweinebraten mit Waldviertler Kartoffelknödeln gibt es ebenso wie Feines aus der internationalen Küche. Und wer sich mit dem Koch gut stellt, bekommt, was er geangelt oder an Pilzen aus den Wäldern mitgebracht hat, am Abend auf den Tisch. Die Weine kommen von einigen der besten Adressen, die Österreich zu bieten hat. Und jeder Wein ist ausführlich beschrieben.

EINKAUFEN

Bäuerliche Naturprodukte

Waldlandhof
3533 Oberwaltenreith 10
Tel. 0 28 26 / 74 43

Der Waldlandhof ist das Vermarktungszentrum für die Produkte der in den Vereinen zur Förderung der Sonderkulturen und der Tierhaltungsalternativen im Waldviertel zusammengeschlossenen bäuerlichen Betriebe. Hier können Interessenten die zur Produktveredelung entwickelten Maschinen besehen und die von den Mitgliedsbetrieben erzeugten Produkte erstehen (siehe auch »Edelhof« Seite 90).

FURTH BEI GÖTTWEIG

Vorwahl: 0 27 32

ESSEN

Gattingers Gasthaus
Tel. 8 45 26
geöffnet: Do–Mo
Betriebsferien: 2. und 3. Augustwoche
Plätze: 60 im Stüberl, 35 im Wintergarten, 30 im Garten
Preise: Hauptgerichte von 110–200 ATS
Kreditkarten: keine

Ein ländlichses Gasthaus mit einer – im besten Sinne – ebensolchen Küche: bodenständige Produkte, selbstgezogene Kräuter und Gemüse. Dazu die ausgezeichneten Weine von Malat und anderen Gütern der Gegend.

Schickh
siehe KLEIN-WIEN

EINKAUFEN

Wein

Weingut Malat
Furth-Palt
Tel. 8 29 34

Gerald Malat, der Zauberer im Keller, gehört zu den Topwinzern Österreichs. Erstaunlich kraftvoll seine Rotweine von Cabernet-Sauvignon und St. Laurent, exzellent seine edelsüßen Weißweine, die eine geradezu traumhafte Aromapalette präsentieren. Wer von den raren großen Weinen des Winzers kaufen möchte, muß rechtzeitig kommen. Telefonische Probevereinbarung.

Benediktinerstift Göttweig
Weinbaubetriebe
Dr. Wofgang Unger
Kirchengasse 14
Tel. 8 58 95

Seit 1987 verwaltet Dr. Unger das traditionsreiche Klostergut neben seinem eigenen. Heute strahlt der Ruf des Göttweigers wieder in altem Glanz. Die 35 Hektar Rebfläche liegen zum größten Teil an den Hängen des Göttweiger Berges zu Füßen des Klosters. Sieben Hektar Reben stehen in der Wachau. Die weitaus überwiegende Menge der Weinproduktion besteht aus Weißweinen, wobei Grüner Veltliner und Riesling im Vordergrund stehen.

GARS AM KAMP

Vorwahl: 0 29 85

ÜBERNACHTEN

Bio-Trainings-Hotel Dungl Zentrum Gars *
Hauptplatz 58
Tel. 2 66 60
Fax 2 66 67 45
Vier Sterne, 150 Betten
Preise: EZ 1185 ATS,
DZ 850 ATS
Kreditkarten: EuroCard, Visa, Diners, American Express

Prof. e.h. Willi Dungl ist der österreichische Gesundheitsguru. Von der gesundheitlichen Begleitung der Olympia-Mannschaft bis zur persönlichen Gesundheitsbetreuung von Spitzensportlern und internationaler Prominenz wie Nicki Lauda, Rockefeller oder Steffi Graf reicht die Erfolgsskala dieses Selfmade-Mannes. Das von ihm persönlich geleitete Bio-Trainings-Hotel ist ein Angebot an Streßgeplagte, sich auf ein persönliches Wellneß-Programm einstellen zu lassen. Das Hotel bietet neben einer entsprechenden Therapieabteilung auch Fitneß- und Sporteinrichtungen für Kurzzeitgäste.

Frühstückspension Rathauskeller Winglhofer
Hauptplatz 86
Tel. 22 94
Drei Sterne, 16 Betten
Preise: DZ 250 ATS,
EZ 250 ATS
Kreditkarten: keine

Das sehr geschmackvoll eingerichtete Haus liegt zentral, aber ruhig und versteckt hinter einem alten Hof am Hauptplatz, Ecke Apoigerstraße.

Margarete Pointner Privatzimmer
Apoigerstraße 594
Tel. 24 07
Fax 35 71
10 Betten
Preise: EZ 350–385 ATS,
DZ 250–275 ATS
Kreditkarten: keine

An der oberen Apoigerstraße ist es absolut ruhig. Das moderne Privathaus bietet nicht nur alle Bequemlichkeiten, sondern auch einen Fitneßraum und eine große Liegewiese für die Gäste. Die Zimmer haben Balkon oder Terrasse.

ESSEN

Burgrestaurant »Pfiffig« *
Burgruine Gars
Tel. 3 05 00
geöffnet: Mi–So
Betriebsferien: 3 Wochen im Januar
Plätze: im Restaurant 95, im Garten 60
Preise: Hauptgerichte 75–265 ATS
Kreditkarten: keine

Ein Besuch der Babenbergerburg ist nicht nur für Ruinenfreunde lohnend. Auch der Gourmet findet hier seine Adresse. Das Restaurant Pfiffig, eingelassen in die winkligen Mauern des Renaissanceflügels der Burg, ist in weitem Umkreis das einzige Restaurant, das GaultMillau einer Haube für würdig befand. In den mit eigenwilligen Fensterbehängen und Bildern einheimischer Künstler originell gestalteten Räumen wird verfeinerte regionale Kost geboten, für die der Küchenchef Anleihen bei der mediterranen und asiatischen Küche macht. Wer unter den Winzern im Kamptal Rang und Namen hat, ist auf der Weinkarte zu vernünftigen Preisen vertreten. Viele Weine gibt es auch glasweise. Im oberen Stock wird von der gleichen Mannschaft der »Burgheurige« betrieben, wo man stilvoll zechen kann.

Bio-Trainings-Hotel Dungl »Rösslstube«
Hauptplatz 58
Tel. 2 66 60
geöffnet: täglich 10–24 Uhr
Plätze: 55
Preise: Hauptgerichte 130–225 ATS
Kreditkarten: EuroCard, Visa, Diners, American Express

Zum Fitneßprogramm des Dungl-Hotels gehören spezielle Mittag- und Abendmenüs, die der Kalorienbewußte sich in der gemütlichen Rösslstube zusammenstellen kann. Darüber hinaus gibt es einige Gerichte aus der Dunglschen Naturküche, deren Produkte von hoteleigenen Feldern und Kräutergärten stammen. Wer aber Kalbsmedaillons, Tafelspitz oder Beiriedschnitte lieber mag, wird auch diese auf der abwechslungsreichen Speisekarte der Rösslstube finden.

CAFÉ

Bäckerei und Konditorei Ehrenberger
Dreifaltigsplatz 55
Tel. 22 41
geöffnet: Mo–Fr 6–22.30 Uhr, So 7.30–22.30 Uhr
Plätze: im Café 120, im Schanigarten 100

Die Konditorei um die Ecke ist die ständige Versuchung der Dungl-Gäste. Nicht wenige erliegen ihrem gerühmten Angebot an Kuchen und Torten.

EINKAUFEN

Wein

1. Österreichische Weingalerie »Vinum & Ars in Gars«
Rainharterstraße 19
Tel. 3 01 63
geöffnet: Mi, Do 15–19 Uhr, Fr, Sa 11–19 Uhr

Kunstfreunde sollen zu Weinfreunden, Weinfreunde zu Kunstfreunden werden. So das Konzept dieser ehrgeizigen Vinothek.

Naturkost

Viktualienmarkt Gars
geöffnet: Sa 8–12 Uhr

Der Markt hat Atmosphäre. Es schmeckt einfach anders, wenn man Obst und Gemüse, die Flugente und den Ziegenkäse vom Bauern kauft, der sie herangezogen hat. Oder »Wurzi« selbst erklärt, wozu seine originellen Kräutermischungen in Olivenöl am besten verwendet werden.

KLEIN-WIEN

Vorwahl: 0 27 36

ESSEN UND ÜBERNACHTEN

»Schickh«
Tel. 72 18
Fax 7 21 87
geöffnet: Fr–Di
Betriebsferien: keine
Plätze: 120 im Restaurant und 80 im Kastaniengarten
Preise: Hauptgerichte 90–290 ATS
Drei Sterne, 11 Zimmer
Preise: EZ 500 ATS, DZ 450 ATS
Kreditkarten: keine

Kreative Begabung bei allem, was mit der Küche zusammenhängt, scheint der Familie im Blut zu liegen: Gerda Schickh ist die Schwester von Lisl Bacher aus Mautern, und Sohn Christian steht auch schon wieder am Herd. Sein Engagement gilt dem heimischen Blunzn-Gröstl ebenso wie den Krebsen aus dem Bassin im Garten. Das erstklassige Fleisch wird bei den »Waldvierteler Viktualien« gekauft, Sauerampfer, Rucola und ein Teil des Gemüses wachsen im eigenen Garten. »Ferry's Marillenbrand« von Marillen der eigenen Obstplantage (unbedingt kosten!) brennt der Starbrenner Günter Rochelt aus Tirol. Alles dreht sich hier so unaufwendig und gelöst um den Gast, daß, wer abends kommt, daran denken sollte, früh genug eines der einfachen, aber zweckmäßig eingerichteten Zimmer zu reservieren. Die Straßen um den Göttweiger Berg sind kurvenreich.

KREMS / STEIN

Vorwahl: 0 27 32

ÜBERNACHTEN

Steigenberger Avance Hotel
Am Goldberg 2
3500 Krems
Tel. 7 10 10
Fax 7 10 10 50
Vier Sterne, 240 Betten in 118 Zimmern und 10 Suiten
Preise: EZ 900–1150 ATS, DZ 800–1150 ATS, Suite 1200–1350 ATS
Kreditkarten: EuroCard, Visa, American Express, Diners

Das Hotel, mitten in den Weingärten gelegen, verbindet ländlichen Charme mit modernem Komfort. Wem all die Verwöhneinrichtungen moderner Hotels zur Entspannung unentbehrlich sind, der ist hier bestens aufgehoben.

Hotel-Pension »Unter den Linden«
Andrea Alt
Schillerstraße 5
Tel. 8 21 15
Fax 8 21 15 20
Drei Sterne, 80 Betten
Preise: EZ 460–490 ATS, DZ 350–410 ATS
Appartement: 410–440 ATS
Kreditkarten: Keine

Das Hotel liegt nicht weit vom Kloster Und in der ruhigen Parallelstraße zur verkehrsreichen Ringstraße. Die Zimmer sind gediegen und verfügen über alles, was man braucht. Ein Restaurant ist im Hause, und im Sommer sitzt man vor dem Schlafengehen gern noch ein Weilchen im Gastgarten.

Gästehaus Aigner
Weinzierl 49
Tel. 8 45 58
Fax 8 45 58
10 Betten, 5 Appartements
Preise: DZ 320 ATS,
EZ 410 ATS (zzgl. einmalig 300 ATS f. Endreinigung)
Kreditkarten: keine

Man hat es nicht weit zur Innenstadt und wohnt dennoch beim Winzer. Das Haus ist neu. Naturholz in den Zimmern. Man kann grillen im Garten oder im Keller den köstlichen Eigenbauwein (Seite 118) verkosten. Marillenschnaps und einige andere Edelobstbrände destilliert der Winzer selbst.

Gourmethotel »Am Förthof«
Förthofer Donaulände 8
3504 Krems-Stein
Tel. 8 33 45
Fax: 8 33 45 40
Vier Sterne, 40 Betten
Preise: EZ 700–900,
DZ 500–700 ATS
Kreditkarten: keine

Helga Figl ist eine umtriebige Frau, der immer etwas Neues einfällt. Ihr Hotel direkt am Eingang zur Wachau ist ein guter und komfortabler Platz, von dem aus man die beiden Donauufer der Wachau bequem erforschen kann. Lassen Sie sich Arrangements anbieten. Frau Figl wird Ihnen von der Weinwanderung bis zur Weindegustation auf der Donau viele Anregungen geben.

Melker Hof
Ferienwohnungen
Dr. Karl Schuh
Steiner Landstraße 23
3504 Krems-Stein
Tel. 7 85 50
2 Wohnungen
Preis pro Tag und Wohnung: 600 bzw. 800 ATS
(zzgl. Energiekosten, Ortstaxe und Endreinigung)

Das unter Denkmalschutz stehende Haus, um einen bepflanzten Hof in der Altstadt von Stein gelegen, diente von 1345 bis 1789 dem Kloster Melk als Lesehof. Dr. Schuh ließ es von Grund auf sanieren und stattete es mit Möbeln verschiedener Stilrichtungen aus. Die Wohnungen sind geräumig und verfügen über jeden Komfort. Ein Schmankerl!

ESSEN

Zum Kaiser von Österreich *
Körnermarkt 9
Tel. 8 60 01
geöffnet: Di–So 11.30–14 Uhr und 18–23 Uhr
Betriebsferien: 2 Wochen im August
Plätze: im Restaurant 40, im Garten 30
Preise: Hauptgerichte 100–260 ATS, Menü 195–395 ATS
Kreditkarten: Diners, EuroCard, Visa

Das Ambiente des Kremser Körnermarktes weckt Erwartungen. Das stilvoll eingerichtete Restaurant, die exquisite Küche und der umsichtige Service erfüllen sie. Der Patron, Hermann Haidinger, war Mitarbeiter von Lisl Wagner-Bacher, der vielfach ausgezeichneten Haubenwirtin aus Mautern. Er kann es nicht verleugnen. Neben Gutbürgerlichem aus der Wiener Küche wie Tafelspitz mit Erdäpfelschmarrn zaubert er ambitionierte Fischgerichte, Welsfilet zum Beispiel, in Knoblauch und Kräutern gebraten mit Bärlauchspinat. Die Weinkarte, vorwiegend Weine aus der Region, läßt nichts zu wünschen übrig.

Gasthaus Karl Jell
Hoher Markt 8–9
Tel. 8 23 45
geöffnet: Di–Fr 10–14 Uhr, 17–23 Uhr, Sa und So 9–14 Uhr
Plätze: im Lokal 70, im Garten 40
Preise: Hauptgerichte 65–200 ATS
Kreditkarten: keine

Man steigt ein paar Stufen empor, tritt durch die Tür, und schon ist man zu Hause. Da steht ein Kachelofen, derbhölzerne Stühle und Tische, in Nischen und auf Borden allerlei Bauerngesammeltes. Journalisten essen hier, Künstler, Vereinsvorstände. Und man ißt gut bei Ulli Amon-Jell. Sie kauft bei den Bauern der Region und fertigt daraus in ihrer Küche eingeborene Köstlichkeiten wie hausgemachte Nudelteigtaschen mit Waldschwammerln gefüllt, Waldvierteler Rahm-Nierndln in Weißwein oder die Spezialität ihrer Mehlspeisenkarte: Cremeschnitte. Die Weinkarte verrät Kennerschaft: Der offene Weiße kostet 28 ATS, der Rote 38 ATS. Die Flaschenweine kommen fast ausschließlich von den berühmten Winzern der Gegend, bei denen sie schon bald nach dem Abfüllen ausverkauft sind.

Restaurant Gozzoburg
Margaretenstraße 14
Tel. 8 52 47
geöffnet: ganzjährig Mi–Mo 11–24 Uhr
Plätze: im Lokal 75, auf der Terrasse 90
Preise: Hauptgerichte 85–180 ATS
Kreditkarten: keine

Die Gozzoburg ist ein altes Gemäuer. Drinnen, zwischen dunkel getäfelten Wänden, herrscht eine warme Kneipenstimmung. Auf die Teller kommt österreichische Hausmannskost. Aber draußen auf der Terrasse sitzen und über die Dächer von Krems hinweg Stift Göttweig im Dunst der Donau liegen sehen – das hat was.

Zur Wiener Brücke
Wiener Straße 2
Tel. 8 21 43
geöffnet: täglich 7–24 Uhr
Betriebsferien: 27. Dez. bis 5. Jan.
Plätze: 250 im Lokal, 150 auf der Terrasse
Preise: Hauptgerichte 85–220 ATS
Kreditkarten: Visa

Familie Klinglhuber führt ein vergleichsweise großes Haus. Aber seine räumliche Gliederung, die kürzlich abgeschlossene Neueinrichtung sowie der sehr persönliche Service sorgen für eine gemütlich-intime Atmosphäre. Stefan Klinglhuber kocht in der Tradition der Mutter bürgerlich bodenständig, schnörkellos, mit Produkten von Biohöfen der Region. Vater Franz widmet sich seinem Weinberg im Kamptaler Zöbing. Die breit angelegte Weinkarte ordentlicher und preisgünstiger Weine der Region trägt sichtbar seine Handschrift.
Das nur wenige Schritte entfernt liegende, erst kürzlich eröffnete Garni-Hotel erhielt den österreichischen »Staatspreis für Tourismus und Architektur«.

Klosterstüberl
Undstraße 6
Tel. 7 57 80
geöffnet: Mi, Do, So 11.30–19.00 Uhr, Fr und Sa 11.30–22.00 Uhr
Plätze: 60 im Stüberl, 80 im Arkadenhof
Preise: Hauptgerichte 75–160 ATS
Kreditkarten: Visa, Diners, EuroCard, American Express

Praktisch für Besucher des Weinkollegs Kloster Und (Seite 21), wenn sie nach einer ausgiebigen Vergleichsprobe der Hunger überkommt.

Café Zum Martin
Rathausplatz 2
3504 Krems-Stein
Tel. 8 14 44
geöffnet: Mo–Sa 16–3 Uhr
Plätze: 60 im Lokal, 20 im Garten
Kreditkarten: keine

Nicht eigentlich ein Café, eher eine Wein- und Pilsbar, vor allem aber ein guter Ort, neben dem Kremser Zeitgeist auch die Erzeugnisse der wichtigsten Winzer der Gegend kennenzulernen. Glasweise kann man hier rasch im Stehen oder geruhsam in schickem Ambiente einige der bekanntesten Weine der Wachau mit solchen aus dem Kremstal oder dem Kamptal vergleichen. Auch eine Reihe guter Italiener stehen zur Verfügung. Kleine Schmankerln, Krautsuppe etwa oder Schnecken, gibt es bis 3 Uhr nachts.

HEURIGE

(Öffnungszeiten siehe Heurigenkalender)

Anton Zöhrer
Sandgrube 1
Tel. 8 31 91

Die Zöhrers zählen zu den direkten Nachfahren der Zwanziglehner, einer Art Genossenschaft, die ihren Grund im frühen 14. Jahrhundert von Herzog Albrecht I. zu Lehen erhielt und ihm direkt abgabepflichtig war. 1923 erst wurde der Besitz unter den Lehnern aufgeteilt. Bis dahin bewirtschafteten sie ihn gemeinsam. Heute betreibt die Winzerfamilie Zöhrer einen Buschenschank mit über 300 Plätzen, den sie alle zwei Monate geöffnet hält. Angebaut wird vorwiegend Grüner Veltliner. Auch ein modern und solide eingerichtetes Gästehaus gibt es seit kurzem.

Josef Pichler
Kellergasse 52
Tel. 7 46 27

Man sitzt unter der Baumpresse, mit der Josef Pichler die rund 70 Hektoliter Most preßt, die er für seinen Heurigen ausbaut. Zwei Drittel davon sind Grüne Veltliner, der Rest Müller-Thurgau, Riesling, Neuburger und St. Laurent. Ehrliche, saubere Weine, bei denen man gern zwischen den Einheimischen hocken bleibt und die gewaltigen Portionen der Hauerjause verzehrt, die der Winzer unermüdlich auf die Tische stellt.

EINKAUFEN

Wein

Vinothek beim Steiner Tor
Franz Noitz
Schmidgasse 7
Tel. 7 14 13

Wer die Spitzenweine der Weinbaugebiete Wachau, Kremstal und Kamptal kennenlernen und vergleichen möchte und nicht weit fahren will, um seine Favoriten danach zu kaufen, ist hier jeweils am Freitag und Samstag, wenn die Weine verkostet werden können, an der richtigen Adresse.

Wolfgang Aigner
Weinzierl 53
Tel. 8 45 58

Aigner gehört zu den jungen Winzern, die dem als Massenwein verschrienen Kremser wieder zu Ehren verholfen haben. Auf einigen der besten Kremser Lagen widmet er sich vor allem dem Grünen Veltliner und dem Riesling, mit denen er schon manchen Preis gewinnen konnte.

Erich Salomon Undhof
Undstraße 10
Krems-Stein
Tel. 8 32 26

Seit sieben Generationen bewirtschaftet die Familie Salomon das Weingut des ehemaligen Klosters Und, dazu in Pacht die Weingärten der berühmten Riede Pfaffenberg aus dem Besitz der Passauer Heiligengeist-Stiftung. Salomon vertritt traditionell den klassischen Kremser Weintyp. Die Kabinettweine vom Grünen Veltliner und vom Riesling aus den Lagen Pfaffenberg, Steiner Hund und Kremser Kögl sind in der Regel besonders lagentypisch. Sie präsentieren sich harmonisch, weich und langlebig. Verkostungen nach telefonischer Vereinbarung.

Weingut der Stadt Krems
Stadtgraben 11
Tel. 80 14 40

Das Weingut der Stadt Krems hat eine achthundert Jahre alte Tradition. Es entstand aus der Stiftung Bürgerspital der Babenberger und dem stadteigenen Weingut, das der kaiserliche Burggraf von Dachsberg gegen Ende des Mittelalters einrichtete. Das 32 Hektar große Gut hat sich dem Qualitätsweinbau verschrieben, wofür die Rieden Grillenparz, Weinzierlberg und Sandgrube beste Voraussetzungen bieten. Die Weine von den Urgesteinsböden des Weinzierlberges sind stahlig und säurebetont, die der Sandgrube würzig und eher sanft.

Ingrid und Ewald Walzer
Gneixendorfer
Hauptstraße 16
Tel. 8 71 48

Ewald Walzer pflegt den klassischen Kremser Weinstil: extraktreiche, kräftige Weine mit angenehm verhaltener Säure. Von seinen Rieden Gebling, Sandgrube, Wolfsgraben und Goldberg, auf denen bis zu fünfzig Jahre alte Reben stehen, erntet er vorwiegend Grüne Veltliner, mit denen er zahlreiche Preise errang. Eine Kellerführung (nach vorheriger Anmeldung) lohnt sich. Walzer läßt seine Weine in einem 130 Meter langen ehemaligen Klosterkeller aus dem 14. Jahrhundert reifen. Bis Mai in Holzfässern, danach ein paar Monate auf Flaschen.

Martin Nigl
Priel 8
3541 Senftenberg
Tel. 0 27 19 / 26 09

Der junge Winzer ist längst kein Geheimtip mehr. Seinen phänomenalen Aufstieg bewältigte er in Rekordzeit. Heute gehört er zur absoluten Spitze der Österreichischen Weinmacher. Nigls Weine sind rar geworden. Aber wo immer Sie sie probieren können, sollten Sie es tun. Seine Urgesteinsrieslinge von den Rieden Piri, Kremsleiten und Hochäcker sind bei aller Eleganz wahre Fruchtpakete und entfalten einen Strauß der betörendsten Düfte. Ähnlich komplex und reich an Extrakten sind die Grünen Veltliner, die zum Teil auch von Kremser Rieden stammen und dann ein wenig voller und fleischiger wirken als die vom Senftenberger Piri. Verkostungen müssen Sie mit Martin Nigl telefonisch vereinbaren. Für die Suche seines Anwesens in Priel sollten Sie Zeit einplanen.

Franz Proidl
Oberer Markt 5
3541 Senftenberg
Tel. 0 27 19 / 24 58

Franz Proidl repräsentiert die neunte Winzergeneration auf dem Hof und ist der erste Selbstvermarkter. Von seinen einst aufgegebenen, jetzt wieder bepflanzten Steillagen unterhalb der Ruine Senftenberg holt er die feinsten Urgesteinsrieslinge. Auch seine Barrique-Malvasier und seine Blauen Zweigelt und St. Laurent erhalten Jahr für Jahr höchste Benotungen.

Naturprodukte

Evi's Gute Stube
Pfarrplatz 16
Tel. 8 54 73

Der Naturkostladen gehört dem Verein »Erzeuger-Verbraucher-Initiativen«, dessen Ziel unter anderem »die direkte Vermarktung von Produkten benachteiligter Gebiete und Personengruppen im In- und Ausland« ist. Hier werden neben den Produkten der Mitgliederbetriebe auch die Erzeugnisse anderer ähnlich gearteter Initiativen des Waldviertels wie »Waldland« oder »Sonnentor« angeboten.

Kremser Senf

Nikolaihof
3512 Mautern
Tel. 0 27 32 / 8 29 01

Diese Wachauer Spezialität besteht aus grobgemahlenen braunen und gelben Senfsamen, die mit unvergorenem und eingedicktem Traubenmost verarbeitet werden. 1546 erstmals erwähnt, wurde er bis in die fünfziger Jahre unseres Jahrhunderts von der Firma Hietzgern im Kremstal hergestellt. Heute wird der süße Senf, der zu Wiener Würstchen bzw. Frankfurtern gegessen wird, wieder in der Wachau hergestellt – von Christine Saahs in der Gutsküche des Nikolaihofs, Mautern, wo man ihn auch kaufen kann.

LANGENLOIS mit Gobelsburg und Zöbing

Vorwahl: 0 27 34

ÜBERNACHTEN

Schloß Haindorf
Krumpöckallee 21
Tel. 2 69 30
Fax 26 93 50
82 Betten
Preise: EZ 420–460 ATS,
DZ 320–360 ATS
Kreditkarten: keine

Das Schloß mit dem hübschen Park wurde in den siebziger Jahren vom Niederösterreichischen Baumeisterverband erworben und wird seither als Tagungs- und Erholungshotel geführt. Das Haus verfügt über Hallenbad und Sauna. Zu essen gibt es im gemütlichen Kellerstüberl.

Erich und Karin Kroneder
Gföhler Straße 28
Tel. 36 17
Fax 3 61 74
7 Betten
Preise: EZ 280–300 ATS,
DZ 230–250 ATS
Kreditkarten: keine

Die Kroneders sind Winzer in der Oberstadt. Kellerbesuch und Weingartenfahrt sind fast obligatorisch. Die Zimmer haben den notwendigen Komfort, der Fernseher steht im Frühstücksraum.

Cobaneshof
Familie Schneider
Weinstraße 37
3550 Gobelsburg
Tel. 25 64
Fax 2 56 44
9 Betten
Preise: EZ 250–300 ATS,
DZ 200–250 ATS
Kreditkarten: keine

Gerald Schneider ist zur Zeit Obmann der Langenloiser Weinhauer. Seine Heurigenschenke wird gern besucht. Und wer nicht mehr fahren will, findet Zimmer, die hübsch und zweckmäßig eingerichtet sind.

ESSEN

Gasthaus »Zur schönen Aussicht«
Heiligensteinstraße 32
3561 Zöbing
Tel. 23 34
geöffnet: Di–So 12–14.30 Uhr, 18–21.30 Uhr,
So bis 15 Uhr.
Betriebsferien: die letzten zwei Augustwochen
Plätze: im Lokal 70, im Garten 40
Preise: Hauptgerichte von 90–180 ATS
Kreditkarten: keine

Wer von den Gutmanns in Zöbing spricht, macht verklärte Augen. Sie steigen eine enge Steintreppe empor und treten in einen Schankraum mit langer Theke. Unzählige Siegerpokale stehen über dem Flaschenbord. Ein Dorfgasthaus. Hundertfünfzig Jahre alt. Eher unattraktiv. Ein harmloser Riesenhund liegt im Weg. Man kann in die Küche gucken, wo Ilse Gutmann kocht. Vor ihrer Heirat stand sie in den Küchen bekannter Häuser, einige Jahre auch als Küchenchefin im Zwei-Hauben-Gut Oberstockstall. Schauen Sie sich um. Sie haben Zeit. Viel Familienleben spielt sich ab. Und am Nebentisch tagt vielleicht die Feuerwehr. In der Speisekarte lesen Sie Ungewohntes. Beispielsweise: Gemüsegolatschen mit Vogerlsalat oder Carpaccio mit

Pesto gerollt als Vorspeise; zum Hauptgang gebratene Hendlbrust mit Erdäpfel-Käse-Laibchen und Rahmlauch oder Lammrückenfilet mit Knoblauchauflauf und Kirschparadeisern mit Basilikum; als Dessert wird empfohlen – und bei den Mehlspeisen wächst Ilse Gutmann noch ein Stück über sich hinaus – Schokolade-Kaffee-Parfait mit Rumweichseln oder ein schaumgeborenes Gedicht namens Kardinal. Sie können sich beim Warten gut über den einheimischen Wein informieren. Hans Gutmann schenkt die erstklassigen Tropfen der Zöbinger Topwinzer glasweise aus. Wenn nämlich das Essen beginnt, werden Sie alles um sich vergessen. Sie speisen bei einer Künstlerin.

Vorspannhof Mayr
(ca. 8 km in westlicher Richtung)
3552 Dross
Tel. 0 27 19 / 23 42
geöffnet: Mi–Fr ab 17 Uhr, Sa, So ab 10 Uhr
Betriebsferien: August und zweite Februarwoche
Plätze: im Lokal 30, Wirtshaus im Hof (jeweils im Juli) 70
Preise: Hauptgerichte 95–120 ATS
Kreditkarten: keine

Frau Brigitte, die Wirtin der das Weingut ergänzenden Weinstube, hat sich ganz der feinen regionalen Küche verschrieben. Dabei verwendet sie nach Möglichkeit Produkte aus naturnah arbeitenden Betrieben der Umgebung. Dem urgemütlichen Hof sieht man seine Vergangenheit als mittelalterlicher Lesehof mit Pferdestation auch heute noch an.

CAFÉ

Café-Konditorei
Otto Swoboda
Walterstraße 6
Tel. 29 08

Ein richtig schickes Café ist Swoboda nun gerade nicht. Aber es gibt weit und breit kein besseres Gebäck als bei ihm.

HEURIGE

(Öffnungszeiten siehe Heurigenkalender)

Heurigenhof Bründlmayer
Walterstraße 14
Tel. 28 83
geöffnet: Do–So 15–23 Uhr
Plätze: im Lokal 50, im Garten 50

Helga Hauser war schon Wirtin in Wien, bevor Willi Bründlmayer ihr seine Heurigenschenke, wenige Schritte vom Kornplatz entfernt, überließ. Dort führt sie inzwischen ein Lokal, das sowohl in der Zusammensetzung der Gäste wie auch in der Auswahl und Zubereitung des Speisenangebots dem hohen Niveau der Bründlmayerschen Weine entspricht. Ein Edelheuriger? Ich denke, schon.

Günter und Renate Nastl
Gartenzeile 17
Tel. 29 03

Die jungen Winzer haben Ideen. In ihrem traditionsreichen Familienbetrieb in schöner Lage am Loisbach in der Oberen Stadt führen sie einen Heurigen der besonderen Art. Regelmäßig gibt es einen »Kinderheurigen« mit spezieller Speisen- und Getränkekarte für Kinder und einem Familienprogramm.

Ignaziuskeller
Familie Steinschaden
Kellergasse »Am Sauberg« 7
Tel. 22 27 oder 44 47

Vom Sauberg hat man einen schönen Blick über die Stadt Langenlois und hinauf ins Waldviertel. Es ist schön, im Sommer hier im Garten zu sitzen und sich die warme Abendsonne auf den Rücken scheinen zu lassen. Der Winzer hat in seinem stilvoll renovierten Verkostungskeller eine hauseigene Vinothek eingerichtet, in der er ein vielfältiges Weißweinsortiment präsentiert.

Winzerhof Familie Jungwirth
Silberörtl 11
3561 Zöbing
Tel. 28 02

In ihrem Heurigenkeller am Heiligenstein haben die Jungwirths mehrmals im Jahr ausgesteckt. Dann sind sie jeden Tag von 16 bis 24 Uhr mit Riesenportionen um ihre Gäste bemüht. Spritzig und würzig ist ihr Grüner Veltliner, und ihr fruchtiger Rheinriesling vom Heiligenberg kann sich sehen lassen. Unvergeßlich wird ein Abend bei Jungwirths, wenn man draußen sitzen und verfolgen kann, wie langsam im Dunst der Berge und Auen die Sonne versinkt.

EINKAUFEN

Wein

Ursin-Haus
Wein & Information
Kornplatz 5
Tel. 20 00-0
Öffnungszeiten: Mo–Fr 10–12 Uhr, 13–18 Uhr, Sa, So, Feiertag 10–18 Uhr

Die beste Möglichkeit, Kamptalweine miteinander zu vergleichen und zu Ab-Hof-Preisen zu kaufen, bietet die Vinothek des Ursin-Hauses: 79 Winzerbetriebe präsentieren hier ihre Erzeugnisse. Und jeden der rund 380 Weine können Sie zu Preisen zwischen zehn und zwanzig Schillingen verkosten.

Weingut Bründlmayer
Zwettler Straße 23
Tel. 2 17 20

Willi Bründlmayer ist zweifellos der bekannteste, gewiß aber auch der bedeutendste Weinmacher im Weinbaugebiet Kamptal. Wo immer es gilt, methodische oder organisatorische Neuerungen zum Nutzen des Weinbaus voranzubringen, gehört er zu den Initiatoren. Seine Grünen Veltliner und Rieslinge, besonders die am berühmten Zöbinger Heiligenberg gereiften, »... werden von Kennern wegen ihrer unnachahmlichen Tiefe und Raffinesse ... zu den österreichischen Paradeweinen gezählt« (Rudolf Steurer). Verkostung und Verkauf im Heurigenhof, Walterstraße 14 (siehe oben).

Sonnhof
Josef Jurtschitsch
Rudolfstraße 37–39
Tel. 21 16

Die drei Brüder haben die Verantwortung im Weingut untereinander aufgeteilt. Der älteste betreut die ökologisch bewirtschafteten Weingärten, der mittlere die Kellerarbeiten und der jüngste kümmert sich um das Marketing. Die vorwiegend weißen Sorten sind von durchgehend hoher Qualität, bemerkenswert die in Barriques ausgebauten Rotweincuvées. Verkostung nach telefonischer Vereinbarung.

Maria und Ludwig Hiedler
Am Rosenhügel 13
Tel. 24 68

Mineralisch fruchtige Weißweine sind Hiedlers Markenzeichen. Dennoch zog er die Aufmerksamkeit der Fachwelt mit einem Rotwein auf sich. Er pflanzte Sangiovese-Reben aus und verschnitt den Wein mit Zweigelt und Blauburgunder zur Cuvée »Liubisa«. Verkostung nach Vereinbarung.

Fred Loimer
Ziegelofengasse 12
Tel. 22 39

Fred Loimer hat sich in den letzten Jahren unter die österreichischen Topwinzer eingereiht. Seine fruchtigen, substanzreichen Rieslinge baut er ebenso wie die exzellenten Grünen Veltliner im Stahltank aus, Chardonnay und Grauburgunder kommen von vornherein auf Barrique. Verkostung nach telefonischer Anmeldung.

Erwin Retzl
3561 Zöbing
Heiligensteinstraße 9
Tel. 22 51

Sensationelle Altweine lagern noch in Retzels Gewölbekeller und künden von der kaum glaublichen Haltbarkeit der Rieslinge vom Heiligenstein. Rieslinge sind denn auch das Aushängeschild des traditionsreichen Weinguts, das bereits im letzten Jahrhundert Preise für diese Sorte erhielt.

Schloß Gobelsburg
Schloßstraße 16
Gobelsburg
Tel. 24 22

Das ehemalige Renaissanceschloß wurde 1740 von Josef Munggenast barockisiert. Es gehört den Zwettler Zisterzienser-Mönchen, die am Zöbinger Heiligenberg schon seit 1138 Weinbau betreiben. Heute wird der stattliche Weinbergsbesitz von Willi Bründlmayer und Michael Moosbrugger betreut, die das Weingut vom Stift Zwettl gepachtet haben. Man kann die Klosterweine im schloßeigenen Kellerstüberl probieren.

Saatgut und Kulturpflanzen

Arche Noah
Obere Straße 40
3553 Schiltern
Tel. 0 27 34 / 86 15

Die Arche Noah hat es sich zur Aufgabe gemacht, vom Aussterben bedrohte Kulturpflanzen zu erhalten und wieder zu verbreiten. In Schiltern betreibt sie einen Schaugarten, der von Ende Mai bis Ende September samstags und sonntags von 14–18 Uhr zugänglich ist. Pflanzen und Saatgut können hier gekauft und getauscht werden.

MAUTERN

Vorwahl: 0 27 32

ÜBERNACHTEN

Genießerhotel Landhaus Bacher
Südtiroler Platz 2
Tel. 8 54 29
Fax 7 43 37
Vier Sterne, 20 Betten
Preise: EZ 655–955 ATS,
DZ 700–975 ATS
Kreditkarten: Visa, Diners

Erst war das Drei-Hauben-Restaurant, dann das Hotel. Beide unverkennbar geprägt vom guten Geist des Hauses, von Frau Lisl Wagner-Bacher. Jedes Zimmer hat seinen eigenen kuscheligen Stil. Ein Zuhause nach einem festlichen Mahl (siehe unten).

Hotel-Pension
»Zum grünen Baum«
Rathausplatz 2
Tel. 82 90 90
Fax 82 96 06
3 Sterne, 45 Betten
Preise: EZ 450–500 ATS,
DZ 300–410 ATS
Kreditkarten: keine

Im Zentrum von Mautern, mitten in seinem von Renaissancehäusern geprägten alten Kern, liegt der »Zickbauer«, wie das Hotel nach seiner Besitzerfamilie auch genannt wird. Die Zimmer sind zum Teil recht unterschiedlich ausgestattet, verfügen aber fast alle über Dusche und WC.

ESSEN

Landhaus Bacher **
Südtiroler Platz 208
Tel. 8 29 37 oder 8 54 29
geöffnet: Mi–So
11.30–14.00 Uhr,
18.30–21.00 Uhr
Betriebsferien: Mitte Januar bis Mitte Februar
Plätze: im Lokal 60, im Garten 60
Preise: Hauptgerichte 195–395 ATS, Menüs 385–885 ATS
Kreditkarten: Diners, Visa

Schon 1983 wählte der Gault Millau Lisl Wagner-Bacher zur Köchin des Jahres. Seither hat das Drei-Hauben-Restaurant zahlreiche Auszeichnungen erhalten und an Stil und Persönlichkeit immer nur gewonnen. Wer österreichische Küche lebendig erhalten und kreativ weiterentwickelt erleben möchte, wer den vom Hausherrn Klaus Wagner mit Sachverstand und Feingefühl betreuten Wein der umliegenden Regionen Wachau, Kremstal und Kamptal gereift und in seiner Topform genießen möchte, hier ist er am richtigen Platz. Er nehme sich Zeit und Zimmer, packe ein bißchen Lehrgeld ein und fahre seine Sensoren aus, denn hier ist das kulinarische Österreich zu Hause.

Weinstube
Nikolaihof
Nikolaigasse 3
Tel. 8 29 01
geöffnet: April–Juni,
Sept.–Nov. Mi–Fr 17–23 Uhr, Sa 12–23 Uhr
Plätze: 100 Plätze in den Stuben, 100 im romantischen Innenhof
Preise: Hauptgerichte von 80–130 ATS
Kreditkarten: keine

Als Lesehof des Chorherrenstiftes St. Nikola entstand der Nikolaihof bereits im 11. Jahrhundert auf den baulichen Überresten des ehemaligen römischen Kastells und eines weit in die Römerzeit zurückreichenden Weinkellers. Familie Saahs betreibt in seinen romantischen Mauern nicht nur das erste Bioweingut Österreichs (siehe unten), sondern auch eine nach den gleichen Grundsätzen geführte Weinstube. Im Schatten der herrlichen Kaiserlinde im idyllischen Innenhof oder in den barocken Innenräumen werden zu den vorwiegend weißen Gutsweinen originelle bodenständige Spezialitäten von Produkten aus organisch-biologischer Landwirtschaft serviert. Als kulinarische Mitbringsel gibt es neben anderem Wein- und Himbeeressig, Marillenmarmelade, Hollerblütensirup und eingelegte Weichseln. Ein Erlebnis der besonderen Art ist eine Weinprobe, verbunden mit einer Auswahl von Probierportionen aus der Saahsschen Küche. Christine Saahs wird Ihnen, wenn Sie interessiert sind, gern die biodynamischen Zusammenhänge erläutern, von denen sie sich bei der Auswahl und Zubereitung ihrer Speisen leiten läßt.

EINKAUFEN

Wein

Nikolaihof
Nikolaus Saahs
Nikolaigasse
Tel. 8 29 01

Lange bevor von biologischer Landwirtschaft überhaupt die Rede war, verzichtete Nikolaus Saahs auf Kunstdünger und begann mit der Dauerbegrünung seiner Weinberge. Heute wirtschaftet er biologisch-dynamisch, das heißt unter Einbeziehung des Mondkalenders. Seine Trauben, die zu erheblichen Teilen von vierzig bis fünfzig Jahre alten Rebstöcken stammen, werden mit den Stielen gepreßt und auf Holzfässern vergoren. Das macht die Weine in der Jugend etwas hart und unzugänglich. Dafür halten sie eine Ewigkeit und bewahren dabei ihre jugendliche Frische. Der Ausbau erfolgt in rund zweitausend Jahre alten und optimal zu belüftenden Kellern. Neben der Leitsorte Riesling produziert Saahs Grünen Veltliner, Weißen Burgunder, Malvasier und Neuburger. Nikolaihofweine haben internationales Renommee und werden in alle Welt verkauft. Verkosten und erstehen können Sie die Weine während der Öffnungszeiten der Weinstube (siehe oben).

Hutter
Silberbichlerhof
St. Pöltener Straße 385
Tel. 8 30 04

Auch Friedrich Hutter arbeitet möglichst naturnah. Anders als Saahs läßt er aber seine Veltliner und Rieslinge, die zum Teil von Loibener Rieden stammen, im temperaturgesteuerten Stahltank gären und reifen. Danach wird schonend gefiltert. So erzielt Hutter frische, fruchtige Weine, die durch ihren Duft bestechen und infolge ihrer dezenten Säure auch in der Jugend schon angenehm zu trinken sind.

Ritterhelme und -rüstungen

Ewald Tanzer
Beethovenstraße 315
Tel. 6 13 02

Der Vollzugsbeamte Tanzer geht in seinem Hobbykeller dem ausgefallenen Handwerk eines Plättners nach: Er fertigt in seiner Freizeit nach historischen Vorlagen Helme und Harnische, die von seinen Auftraggebern bei Ritterspielen und Traditionsfesten getragen werden oder als Dekorationsstücke in den Burgen und Schlössern der Umgebung stehen.

MELK

Vorwahl: 0 27 52

ÜBERNACHTEN

Hotel »Zur Post«
Linzer Straße 1
Tel. 23 45
Fax 23 45 50
Vier Sterne, 28 Zimmer
Preise: EZ 580–620;
DZ 475–515 ATS
Kreditkarten: Diners, Visa

Das erste Haus am Platze, wie man zu sagen pflegt. Ein Traditionshaus, durch und durch modernisiert, das jeden Komfort bietet und nun vielleicht ein wenig steif wirkt. Das Restaurant bietet österreichische Küche, und im Sommer gibt es einen Eissalon.

Hotel »Stadt Melk«
Hauptplatz 1
Tel. 24 75
Fax 24 75 19
Drei Sterne, 25 Betten
Preise: EZ 630 ATS,
DZ 490 ATS
Kreditkarten: Visa, Diners,
Amexco

Gleich unterhalb der imposanten Kulisse des Stiftes liegt das mit allem notwendigen Komfort und einem ausgezeichneten Restaurant (siehe unten) versehene Hotel der Familie Wallner. Eine angenehme, fast familiäre Bleibe und ein idealer Ausgangsort zur Begehung von Stadt und Stift.

ESSEN

Restaurant »Stadt Melk« ⋆
Hauptplatz 1
Tel. 24 75
geöffnet: täglich
11.30–14.30 Uhr,
18.00–21.30 Uhr
Betriebsferien: keine
45 Plätze
Preise: Hauptgerichte von
195–280 ATS, Menüs 250
(mittags)–450 (abends)
Kreditkarten: Visa, Diners,
Amexco

Gertrude Wallner zählt zum Kreis jener Wachauer Gastronominnen, die durch ihre besonders ausgeprägte Kreativität in der Küche bekannt geworden sind. Den aufmerksamen Gast verblüffen bei ihren Gerichten feinsinnige Kombinationen einheimischer Produkte mit mediterranen Aromen. Daß man sich rundherum wohl fühlt in diesem Haus, liegt aber nicht zuletzt auch an der herzlichen Zuwendung, mit der die aufmerksame Bedienung ihre Gäste umsorgt. Den exzellent ausgestatteten Weinkeller mit vielen regionalen Pretiosen sollten Sie sich von Herrn Wallner zeigen lassen.

Zum alten Brauhof
Linzer Straße 25
Tel. 22 96
geöffnet: Dienstag bis
Sonntag
Plätze: 120 im Lokal, 120 im
»Kellerg'wölb«, 60 Stehplätze
im »Pub Biereckerl«
(geöffnet: 19–2 Uhr)
Preise: Hauptgerichte von
75–125 ATS
Kreditkarten: keine

Kleine schmackhafte Gerichte und warme und kalte Schmankerln gibt es im Lokal oben wie unten im Keller. Die Weinkarte ist umfangreich, aber nicht eigentlich originell. Der beson-

dere Witz dieser Lokalitält ist der Pub mit immerhin achtzig verschiedenen Biersorten.

CAFÉ

Der Bäck am Eck
Café-Konditorei
Wiener Straße 36
Tel. 24 42
geöffnet: Montag bis Freitag
55 Plätze

Treffpunkt der Schüler vom Stift und der arbeitenden Bevölkerung, wenn sie zwischendurch einen Happen essen möchten. Und ganz nebenbei gibt's hier auch das beste Gebäck der Stadt.

RAPPOTTEN-STEIN

Vorwahl: 0 28 28

ÜBERNACHTEN

Gasthof Rotheneder
Rappottenstein 35
Tel. und Fax 204
14 Betten
Preise: EZ 280 ATS, DZ 250 ATS
Kreditkarten: keine

Der Gasthof Rotheneder, mitten im Ort gelegen, ist ein Traditionshaus, das schon seit 1718 im Besitz der Familie ist. Die Zimmer entsprechen zeitgemäßen Erfordernissen und dienen ihrem Zweck.

ESSEN

Gasthof Rotheneder
Rappottenstein 35
Tel. und Fax 204
geöffnet: Di–So ganztägig
Betriebsferien: im November
Plätze: im Lokal 80, im Saal 150
Preise: Hauptgerichte 80–130 ATS
Kreditkarten: keine

So muß man sich wohl den traditionellen Waldviertler Gasthof vorstellen: schon ein wenig ergraute Tische und Stühle, ein Einheimischenlokal, in dem mehr getrunken als gegessen wird und in dem man seine Meinung kundtut, manchmal auch laut. Die Küche ist überraschend gut. Anspruchsvolle Hausmannskost der Wiener und Waldviertler Art, Wild- und Spezialitätenwochen. Die Weinkarte präsentiert Spitzenweine aus Kremstal und Wachau. Die Mehlspeisen stammen aus der eigenen Konditorei.

RASTENFELD OTTENSTEIN

Vorwahl: 0 28 26

ÜBERNACHTEN

Hotel Ottenstein
Peygarten-Ottenstein 60
Rastenfeld
Tel. 251
Fax 2 51 26
Drei Sterne, 180 Betten
Preise: DZ 400–480 ATS, EZ 480–560 ATS
Kreditkarten: EuroCard, Visa, Diners, American Express

Das Hotel besteht aus einer Reihe langgestreckter, im Gelände verteilter Bungalows. Die Zimmer sind zweckmäßig eingerichtet. Restaurant und Gartenterrasse sind vorhanden. Zum Stausee läuft man rund zwanzig Minuten. Das Hotel bietet eine Reihe von Arrangements, die vom Golf- bis zum Fischerpauschalangebot reichen.

Landgasthof Gamerith
Mottingeramt 41
Rastenfeld
Tel. 440
Fax 7 51 88
Drei Sterne, 23 Betten
Preise: DZ 280–360 ATS, 360–420 ATS
Kreditkarten: keine

Vier Kilometer vom Ortskern entfernt nach einer entspannten Fahrt durch das wunderschöne Hügelland und die vereinzelten Höfe der Streusiedlung Mottingeramt kommt man zum Landgasthof Gamerith. Absolut ruhig, am Rand eines riesigen Waldgebietes gelegen, ist er ideal für ein paar Fe-

rientage zum Wandern und Radeln. Herzlich und familiär die Gastfreundschaft.

ESSEN

Schloßrestaurant Ottenstein
Ottenstein 1
Rastenfeld
Tel. 254
geöffnet: Mai–Okt. Mi–So
Betriebsferien: November bis April
Plätze: im Lokal 200, im Garten 100
Preise: Hauptgerichte 98–210 ATS
Kreditkarten: EuroCard, Visa, Diners, American Express

Keine Frage: Die Burg bietet eine eindrucksvolle Kulisse. Die Taverne, ja selbst der große Rittersaal sind gemütlich und geschmackvoll eingerichtet. Auf der Speisekarte findet man vorwiegend Gerichte der Waldviertler Küche und ein Ritteressen mit allerlei verwegenem Drumherum für Gruppen ab vierzig Personen. Schon das Lesen des Angebots ist ein Erlebnis.

Gasthof Gamerith
Mottingeramt 41
Rastenfeld
Tel. 440
geöffnet: Fr–Mi ganztägig
Betriebsferien: keine
Plätze: im Lokal 60 und 100 im Saal, im Garten 30
Preise: Hauptgerichte von 65–148 ATS
Kreditkaren: keine

Überall in der Region gibt es jetzt wieder Waldviertler Küche. Aber hier wird sie noch immer neu geboren! Es kocht, wer gerade in der Küche ist: Elisabeth Gamerith, ihre Mutter, ihre Schwester oder die Tochter. Rezepte und Leidenschaft werden vererbt. Nichts, was nicht selbst gemacht würde. Probieren Sie das nach Großmutters Art eingelegte, warm geräucherte Selchfleisch, die Krautpalatschinken, den Grammelstrudel mit Früchten oder Marmelade. Oder nehmen Sie die Waldviertler Jause mit dem Ziegenkäse der Gegend und getoastetem Knoblauchbrot. Selbst Lisl Bacher (Seite 122) wurde hier schon gesehen.

EINKAUFEN

Leinenstube Rastenfeld
Rastenfeld 169
Tel. 77 26
Fax 74 40

Waldviertler Flachsverarbeitung heißt die Genossenschaft, und ihre 520 Mitglieder bearbeiten rund tausend Hektar Flachs bis zur fertigen Faser. Gesponnen und gewebt wird nicht von der Genossenschaft, aber vom zurückgekauften unbehandelten und naturgebleichten »Waldviertler Leinen« werden geschmackvolle Herren- und Damenkollektionen geschneidert und Heimtextilien gefertigt, die in der »Leinenstube Rastenfeld« angeboten werden. Die Verkaufsräume liegen an der Straße nach Mottingeramt, wenige hundert Meter von der B 37 entfernt.

ROSENBURG

Vorwahl: 0 29 82

ÜBERNACHTEN

Landgasthof Mann
Rosenburg 51
Tel. 29 15
Fax 2 91 57
26 Betten
Preise: EZ 440 ATS, DZ 340 ATS
Kreditkarten: EuroCard, Visa

Der Gasthof mit Restaurant und Café-Terrasse liegt mitten im Ort. Alle Zimmer sind mit Dusche, WC und Telefon ausgestattet, und es fehlt an nichts, was den Aufenthalt angenehm macht. Erfragen Sie sich ein Zimmer zum Kamp hinaus.

ESSEN

Burgtaverne Rosenburg
Rosenburg 2
Tel. 29 06
geöffnet: täglich 9–17 Uhr
Betriebsferien: Dezember bis Ostern
Plätze: in der Burgstube 100, im Saal 200, im Hof 25
Preise: Hauptgerichte 68–98 ATS
Kreditkarten: keine

Das Ritteressen im Burgsaal mit Knappentrunk und Urkunde ist zwar in der Führung nicht enthalten, gehört aber irgendwie zum Gesamterlebnis hinzu. Es geht halt alles sehr professionell zu auf der Rosenburg. Bei schönem Wetter kann man draußen vor der Burg beim Heurigen verweilen.

Landgasthof Mann
siehe oben
geöffnet: Di–Sa; So bis 15 Uhr
Betriebsferien: Januar und Februar
Plätze: in der Gaststube 50, im Stüberl 65, auf der Terrasse 100
Preise: Hauptgerichte 70–180 ATS
Kreditkarten: EuroCard, Visa

Das Gastzimmer ist rustikal eingerichtet. Die Speisenkarte bietet Hausmannskost. Der Service ist fix, selbst wenn Busbesatzungen nach Besichtigung der nahen Rosenburg den Speisesaal überfluten.

ROSSATZ-ARNSDORF

Vorwahl: 0 27 14

ÜBERNACHTEN

Gasthof-Pension »Zur Wachau«
Familie H. Zeller
3621 Mitterarnsdorf
Tel. 82 17
Fax 84 44 13
Drei Sterne, 38 Betten
Preise: EZ 350 ATS, DZ 280–360 ATS
Kreditkarten: keine

Das Haus, umgeben von Obst- und Weingärten, liegt zwar an der Straße, ist aber ruhig und bietet nach allen Seiten freien Blick in die zauberhafte Landschaft. Die Zimmer sind modern und zweckmäßig eingerichtet.

ESSEN

Gasthof »Zur Wachau«
siehe links unten
geöffnet: Di–So, im Winter Mi–So
Betriebsferien: Mitte bis Ende Nov.
Plätze: 140 im Lokal, 50 im Garten
Preise: Hauptgerichte 70–170 ATS
Kreditkarten: keine

In den rustikal eingerichteten Räumen sitzt man recht behaglich und ißt gutbürgerlich. Der Sohn des Hauses ist für die Küche verantwortlich. Er versucht, saisonale Schwerpunkte zu setzen, und pflegt ein abwechslungsreiches Fischangebot.

Winzerstüberl
Franz und Christa Eßl
Rührsdorf 17
Tel. 384
geöffnet: Mi–So 11–24 Uhr
Plätze: im Lokal 60, im Garten 60
Preise: Hauptgerichte 70–180 ATS
Kreditkarten: keine

Ein verlockendes Entrée haben die Eßls ihrem kleinen Restaurant gegeben. Fast erwartet man etwas mehr als das gutbürgerliche Speisenangebot, das die Karte offeriert. Wer Fisch mag, ist bei Franz Eßl richtig.

»Thiery-Keller«
Raimund Thiery
Rührsdorf
Tel. 505
geöffnet: Mo, Do, Fr ab 16 Uhr, Sa, So ab 13 Uhr
Betriebsferien: Januar und Februar
Plätze: im Lokal 60, im Garten 120
Preise: Hauptgerichte 80–160 ATS
Kreditkarten: keine

Der »Thiery-Keller« ist eine Art Dauerheuriger mit den typischen kalten und warmen Schmankerln. In dem liebevoll eingerichteten Keller gibt es aber auch ein der Jahreszeit entsprechend wechselndes Angebot aus der regionalen Küche: Osterkitz, Bachforellen vom Grill, Spargelspezialitäten, knusprige Weide-Ente oder Martinigansl.

HEURIGE

(Öffnungszeiten siehe Heurigenkalender)

Rudolf Hick
3621 Oberarnsdorf 58
Tel. 82 14

Eine der idyllischsten Buschenschenken liegt in Oberarnsdorf. Rudolf Hick schenkt nicht nur ordentliche Rieslinge und Veltliner aus, von seinem Anwesen bietet sich auch ein traumhafter Ausblick auf Spitz und den Tausendeimerberg. Seine Hausbrände von Marille und Birne sind nicht zu verachten.

Josef und Josefa Hick
3621 Mitterarnsdorf 61
Tel. 84 91

Vom Terrassengarten aus blickt man weit über die Donau hinüber. Die Weine (siehe unten) sind von dezenter Säure und angenehm zu trinken. Das Speisenangebot reicht von der Brettljause über einen pikanten Heurigensalat bis zu diversen Käse- und Topfenaufstrichen.

Heurigenhof und Weinbau Polz
Rührsdorf 22
Tel. 326

Am Rande der Donauauen, oberhalb eines toten Flußarms, liegt blitzsauber wie aus dem Ei gepellt der Hof von Erich Polz. Der gemütliche Heurigenkeller verleitet zum Hocken-

bleiben. Die Weine, typisch für die rechte Donauseite, sind leicht und fruchtig und ihrer zuückhaltenden Säure wegen sehr angenehm zu trinken.

EINKAUFEN

Wein

Josef Hick
3621 Mitterarnsdorf 61
Tel. 84 91

Das Weingut Hick gehört zu den frühen Mitgliedern der »Vinea Wachau«. Seine reintönigen Weine zeichnen sich durch hohe Extraktwerte und dezente Säure aus. Sie sind besonders typisch für die rechte Donauseite. Umfangreich ist das Angebot hauseigener Edelobstbrände aus den Hickschen Obstgärten.

Marillen und Obst

Entlang der Bundesstraße 33 haben die Obstbauern Verkaufsstände aufgebaut, an denen sie während der Erntezeit ihr frisches, erntereifes Obst anbieten:
Kirschen: Mai
Marillen: Mitte Juli bis Mitte August
Pfirsiche: August
Weintrauben: September bis Oktober
Äpfel: September bis Oktober

SCHÖNBERG AM KAMP

Vorwahl: 0 27 33

ÜBERNACHTEN

Gasthof »Zur Schonenburg«
Hauptstraße 38
Tel. 202
Drei Sterne, 37 Betten, davon 28 mit WC, Dusche oder Bad
Preise: EZ 340 ATS, DZ 340 ATS
Kreditkarten: keine

Das alte Gasthaus hat einen neuen Besitzer, der eine Menge Pläne hat. So könnte es sich lohnen, sich mal ein Zimmer zeigen zu lassen.

Pension »Haus Maria«
Stiefernerstraße 15
Tel. und Fax 395
16 Betten, 1 Ferienwohnung
Preise: DZ 240–280 ATS, Ferienwohnung für 4 bis 5 Personen 700 ATS
Kreditkarten: keine

Hier bei Frau Maria Paur werden Sie sich wohl fühlen. Das baumumstandene Grundstück mit Spiel- und Liegewiese liegt direkt am Kamp. Die großzügig ausgestatteten Zimmer sind geräumig, manche mit Balkon. Das reichhaltige Frühstücksbuffet hat einen betonten Naturkostakzent. Ideal für einen Kurzurlaub ebenso wie für eine ausgedehnte Sommerfrische mit Kindern.

ESSEN

Gasthof »Zur Schonenburg«
Hauptstraße 38
Tel. 202
geöffnet: Mi–Mo
Plätze: im Lokal 180, im Saal 180, im Garten 140
Preise: Hauptgerichte 68–210 ATS
Kreditkarten: keine

Das rustikal eingerichtete Lokal bietet eine schmackhafte gutbürgerliche Küche mit regionalen Akzenten. Für Wanderer, Radler und andere Durchfahrer eine empfehlenswerte, wenn auch anspruchslose Rast.

HEURIGE

(Öffnungszeiten siehe Heurigenkalender)

Familie Perteneder
Stiefern 53
Tel. 742

Von den nördlichsten Lagen des Kamptals kommen der Weiße und der Rote, die es hier beim Dorfbriefträger zu trinken gibt. Rustikale klassische Heurigenweine gegen den Durst. Man sitzt auf Holzbankerln unter dem Marillenbaum, genießt das außergewöhnlich zarte Luftgeselchte oder die nach altem Bäuerinnenrezept gemachte Haussulz in Essig und Öl und träumt in die untergehende Sonne.

Weingärtnerei Josef Aichinger
Hauptstraße 15
Tel. 237 oder 411

Nobel- oder Gourmet-Heurige hören sich die Aichingers gar nicht gern nennen. Weingärtner wollen sie sein. Und sie zählen zu den besten im Kamptal. Daß ihre Gäste darüber hinaus in den Genuß dessen kommen, was die früher als Hotelfachleute tätigen Winzer einmal gelernt haben, das verlangt die Selbstachtung. Das fängt bei der Einrichtung der Heurigenstube an und hört bei dem sorgfältig auf die Weine abgestimmten Speisenangebot aus einfallsreich verfeinerten Produkten des Waldviertels noch lange nicht auf. Sie veranstalten Künstler-Vernissagen und laden zu klassischer Musik in den Weingarten ein. Sie machen einen Dixieland-Brunch und lassen zum Abschluß-Kulinarium im November Haubenköche kochen. Eine Weinhauerfamilie mit Geschmack und Niveau, der das Gästeverwöhnen offenbar zur zweiten Natur geworden ist. Und sitzen Sie erst einmal am Kachelofen in Aichingers Stube beim Schwatz mit Vater Schwanzelberger, dem Altwinzer und Weinbaupionier, dann möchten Sie nie wieder weg.

EINKAUFEN

Wein

Weingärtnerei Josef Aichinger
Hauptstraße 15

Würzige Weine, duftend nach Wiesenblumen und Früchten, erntet Josef Aichinger von seinen Rieden rund um Schönberg. Vornehmlich Weißweine, vom prickelnden Welschriesling über einen eleganten Riesling bis zum barocken Traminer. Besonders ansprechend von der Riede Renner der Grüne Veltliner und der Sauvignon Blanc.

Vinothek Stoamandl-Keller
Auskunft: Tel. 227

Der Name »Stoamandl« geht zurück auf eine Schönberger Sagenfigur. Den Keller an der Straße nach Langenlois hat sich das »Collegium der Schönberger Weinhauer« als Vinothek eingerichtet, um, integriert in den Weinlehrpfad, Schönberger Wein präsentieren zu können. Geöffnet ist der Keller von Ostern bis Weihnachten jeweils Freitag bis Sonntag nachmittag.

SPITZ

Vorwahl: 0 27 13

ÜBERNACHTEN

Weinberghof *
Hotel garni
Am Hinterweg 17
Tel. 29 39
Fax 29 50
Vier Sterne, 28 Betten
Betriebsferien: November bis März
Preise: DZ und EZ je nach Aufenthaltsdauer 420 bis 470 ATS
Kreditkarten: keine

Elisabeth Lagler hat ihr helles und überaus komfortables Garni-Hotel mitten in die Weinberge gestellt. Das Haus, eingerichtet mit Kiefern- und Fichtenholzmöbeln, läßt keine Wünsche offen. Die Winzersfrau und Heurigenwirtin kann nicht immer im Hause sein. Dann rufen Sie im Weingut an: Tel. 25 16.

Hotel Mariandl
Kremserstraße 2
Tel. 23 11
Fax 23 13
Vier Sterne, 55 Betten
Preise: EZ 550–590 ATS, DZ 420–460 ATS
Kreditkarten: keine

Das Old-fashioned-Hotel aus dem Film »Hofrat Geiger«, dem die Wachau ihr »g'fühliges« Klischee verdankt. Das Familienhotel wurde kürzlich renoviert, bietet modern ausgestattete Zimmer und immer noch das alte Flair.

Barock-Landhof Burkhardt
Hotel garni & Ferienwohnungen
Kremserstraße 19
Tel. 23 56
Fax 2 35 64
Drei Sterne, 26 Betten
Preise: EZ 400–410 ATS, DZ 330–340 ATS, Appartement 340–360 ATS, 5 Ferienwohnungen pro Tag 580–680 ATS
Kreditkarten: keine

Wie der Traum von Ferienschlößchen aus Kinderbuchtagen, so liegt der Barock-Landhof in seinem sechstausend Quadratmeter großen Garten. Stück für Stück hat Familie Burkhardt ihr Haus für solche Gäste hergerichtet, die Sinn haben für die Romantik efeubegrünter Mauern, historisch gewachsener Bögen und Gewölbe und für die stilvollen Details einer liebevoll angepaßten Einrichtung. Man möchte im Landauer vorfahren.

Burg Oberranna
3622 Mühldorf bei Spitz
Tel. 82 21
Fax 83 66
Drei Sterne, 24 Betten, 7 Appartements
Betriebsferien: November bis April
Preise: EZ und DZ 700–850 ATS, Appartement pro Tag 1500–2500 ATS
Kreditkarten: Visa, Amexco

Nur am Wochenende wird die Burg für Tagesbesucher geöffnet. Aber spätestens um 18 Uhr kehrt Ruhe ein, und die Hausgäste haben ihr Schloß wieder für sich. Wer abtauchen will aus Hektik und Streß, kann es entspannender nicht finden. Die geräumigen Appartements bieten Wohn- und Schlafraum, Dusche und Bad und ebenso wie die Doppelzimmer eine Kochnische, so daß man sich gänzlich unabhängig machen kann. Aufenthalts- und Frühstücksraum sind mit alten Möbeln ausgestattet. Wer nicht kochen will, fährt ins nahe Mühldorf oder zur Donau hinab oder bekommt kalte Kost in der zünftigen Burgschenke.

ESSEN

Strandcafé
Donaupromenade
Tel. 23 20
geöffnet: Donnerstag bis Montag
Betriebsferien: Mitte November bis Mitte März
Plätze: Lokal 35 bis 80, Terrasse 100
Preise: Hauptgerichte 90–225 ATS
Kreditkarten: keine

Einrichtung und Kuchentheke weisen das erhöht über der Donaupromenade liegende Lokal mit dem Sonntagnachmittagsblick auf Donau und anlandende Schiffe als Café aus. Darüber hinaus aber ist es der Ehrgeiz der Familie Grünberger, die beste Küche zu machen, die Spitz zu bieten hat: Wachauer Weinsuppe, Waldvierteler Wels, in Riesling gedämpft, auch Vegetarisches und Käse von den »Käsemachern« aus dem Waldviertel. Klasse Mehlspeisen sowieso. Die Weine zum Essen und zum Träumen auf der Terrasse sind von Hirtzberger, Langmayer und von den Freien Weingärtnern.

Gasthof Ruine Hinterhaus
Hinterhaus 8
Tel. 28 31
geöffnet: täglich 8–24 Uhr
Betriebsferien im Januar
Plätze: 40 im Lokal, 80 im Garten
Preise: Hauptgerichte 90–175 ATS
Kreditkarten: keine

Der gemütliche Gasthof liegt ein wenig abseits am westlichen Ortsende zu Füßen der Ruine Hinterhaus. Aber Eduard Stierschneider hat seine Gäste und weiß sie zu verwöhnen: Vom feinen Rehsülzchen mit Herbsttrompeten bis zum Zanderfilet oder zum Schwammerlrostbraten finden Genießer wie hungrige Wanderer das Ihre auf der Tageskarte. Das gilt auch vom Wein, der durchweg aus den besten Häusern der engeren Umgebung stammt.

HEURIGE

(Öffnungszeiten siehe Heurigenkalender)

Weingut Karl Lagler
Rote Torgasse 10
Tel. 25 16

Der Buschenschank, drinnen zünftig, draußen idyllisch unter Weinranken, gehört zu den gastronomisch kreativen. Das Angebot der kalten Küche braucht sich auch vor den Laglerschen Weinen nicht zu verstecken, die zur absoluten Spitze der Wachau zählen. Neben preisgekrönten Rieslingen und Grünen Veltlinern stehen Neuburger und Sauvignon Blanc auf der Karte. Herrlich dazu die Schafs- und Ziegenkäse von den Höfen des Waldviertels.

Ruppert und Erika Gritsch
Radlbach 11
Tel. 22 08

Der blitzsaubere Hof liegt am Fuße des Setzbergs. Man sitzt bei gutem Wetter in der Abendsonne vor dem Haus, blickt über den Spitzer Graben hinweg zur Ruine Hinterhaus und erfreut sich der knackigen Weine und kräftigen Winzerspeisen. Auch Gästezimmer und eine Ferienwohnung stehen zur Verfügung.

Johann Donabaum
Laaben 15
Tel. 24 88

In den Kellergewölben ihres vierhundert Jahre alten Hauses bieten die Donabaums 120 Heurigengästen Platz. Ausgeschenkt werden resche Jausenweine, aber auch bemerkenswert konzentrierte und mächtige Smaragdweine der Sorten Grüner Veltliner und Riesling. Der Junior gilt als Aufsteiger. Er hat bei F. X. Pichler gelernt. Man merkt's.
Beachtlich die selbstgebrannten Edelobstbrände aus den eigenen Obstgärten – und die Marillenmarmelade.

EINKAUFEN

Wein

Franz Hirtzberger
Kremser Straße 8
Tel. 22 09

Der berühmte Franz Hirtzberger sen. genießt den Ruhestand. Der sympathische Sohn, Winzerfunktionär wie der Vater, keltert Jahr für Jahr Weine, die zu den besten und typischsten zählen, die die Wachau hervorbringt. Nur einen Nachteil haben sie: Sie sind ausverkauft, bevor sie noch recht auf der Flasche sind.
Verkosten Sie Hirtzberger – auch seinen Marillenbrand –

in der Topgastronomie oder vereinbaren Sie mit ihm einen Verkostungstermin im Frühjahr.

Weingut Karl Lagler
Rote Torgasse 10
Tel. 25 16

Mit dem Gewinn des Gault-Millau-Weißwein-Award hat sich Lagler 1996 an die Spitze der Wachauer Weingüter geschoben. Jahr für Jahr stehen seine komplexen, fruchtstrotzenden Rieslinge und Grünen Veltliner von den Rieden Steinporz und Tausendeimerberg in der vordersten Reihe der nationalen Ausscheidungen. Probieren Sie auch seine Weißburgunder-Feinburgunder-Cuvées. Laglers 95er Riesling Smaragd vom Steinborz war zum Niederknien. Glücklich, wer ihn einmal auf der Zunge hatte.

Karl Bracher
Marstall 7
Tel. 25 28

Sich zwischen all den berühmten Namen in Spitz aus der Anonymität hervorzuarbeiten, das heißt schon was. Karl Bracher ist es gelungen. Auf seinen vier Hektar Weinbergsbesitz erntet er vor allem Riesling und Grünen Veltliner, aber auch Topqualitäten vom Neuburger und Feinburgunder. Alle werden noch auf der Baumpresse verarbeitet. Zur Verkostung melden Sie sich am besten telefonisch bei ihm an.

Anton Nothnagl
Radlbach 7
Tel. 26 12

Gleich, ob es sich um die spritzigen Land- oder Qualitätsweine aus der Literflasche oder um die klassifizierten fruchtigen Terrassenweine der Sorten Riesling und Grüner Veltliner handelt, immer ist der Sortencharakter deutlich herausgearbeitet. Sehr gutes Preis-Leistungs-Verhältnis.

Weingut Graben-Gritsch
Josef Gritsch
Vießling 21
Tel. 84 78

Vießling liegt weit drinnen im Spitzer Graben auf halbem Weg nach Mühldorf. Nur Eingeweihte wissen, daß hier noch Reben wachsen und qualitätsorientierte Winzer wie Josef Gritsch duftige, feinfruchtige Weine erzeugen. Und dies zu durchaus fairen Preisen. Auch Marillen aus eigenem Anbau brennt Gritsch, den halben Liter zu 180 Schillingen.

Winzerhof Högl
Vießling 31
Tel. 84 58

Der »Star-Winzer« hat seine Rieden an beiden Enden des Wachauer Weinbaugebiets: im Spitzer Graben die eigenen und einige gepachtete in Loiben. Doch die inzwischen bewirtschafteten vier Hektar reichen bei weitem nicht aus, die Nachfrage nach seinen kraftvollen, dabei hocheleganten Weinen zu decken. Versuchen Sie's dennoch. Übrigens brennt Högl auch Marillen- und Birnenschnaps.

Marillen

Gerhard Salomon
Schwallenbach 28
Tel. 0 27 13 / 23 86

Zur Zeit der Marillenernte gibt's hier im alten Adelshof gegenüber der Kirche die schmackhaftesten Marillen. Und in den übrigen Monaten des Jahres den hochgelobten Marillenbrand, den der Hausherr selbst destilliert.

Wurst

Fleischerei Salminger
Hauptstraße 20
Tel. 23 15

Neben den bekannten Wachauer Spezialitäten wie Wachauer Schinken, Saumeisen und Blunz'n macht Franz Salminger eine Dauerwurst in Form einer Weintraube, die er »Wachauer Veltliner Spitz« nennt. Der geschmackliche Clou ist die Beimengung eines Veltliner Smaragd des Weinguts Hirtzberger. Vornehm!

Wachauer Goldhaube

Maria Jahrmann
Obere Gasse 1
Tel. 26 08

Die Wachauer Gold- oder Brettlhaube gehört zur Wachauer Tracht, die heute nur noch bei Traditionsveranstaltungen wie dem Erntedankfest getragen wird. Jahrhundertelang gab sie Auskunft über den sozialen Stand ihrer Trägerin. Frau Jahrmann ist die einzige Haubenmacherin, die das Handwerk noch beherrscht. Drei Monate benötigt sie zur Anfertigung einer solchen Haube aus Goldbrokat und Spitzen, aus Samt und Hunderten von winzigen Goldplättchen.

STEIN siehe KREMS

STRASS IM STRASSERTALE

Vorwahl: 0 27 35

ÜBERNACHTEN

Gasthof Maglock
Marktplatz 30
Tel. 24 27
Fax 2 42 71 01
Drei Sterne, 80 Betten
Preis: EZ 480 ATS,
DZ 380 ATS
Kreditkarten: keine

Das alteingesessene Haus beherrscht den Marktplatz. Es geht mit der Zeit. Die Zimmer sind zweckmäßig. Sauna, Fitneßraum und Solarium sind vorhanden. Auch Fahrräder kann man sich ausleihen.

Gästehaus Haslinger-Hutter
Prof. Kasererweg 355
Tel. 57 65
Fax 5 76 58
Drei Sterne, 25 Betten, 1 Ferien-wohnung mit 4 Betten
Preise: EZ 320–390 ATS,
DZ 260–330 ATS,
Appartement 840 ATS
Kreditkarten: keine

Ein Haus zum Ferienmachen. Es liegt vom Zentrum fünf Minuten entfernt bachabwärts im Grünen in einem großen Garten mit Schwimmbecken und Marillenbäumen. Ruhige, zweckmäßige Zimmer, manche mit Balkon. Aufenthaltsraum mit Bar und Fernseher und eine Gartenterrasse.

ESSEN

Gasthof Maglock
Marktplatz 30
Tel. 24 27
Fax 2 42 70 01
geöffnet: Do–Mo 11–23.30 Uhr
Plätze: 200 im Lokal,
80 im Garten
Preise: Hauptgerichte
78–220 ATS

Wenn Straßer was zu bereden haben, treffen sie sich im Maglock. Im Sommer draußen im Schanigarten. Trotz gestiegener Ansprüche an sich selbst, was Raumgestaltung und Küche anbelangt, ist der Maglock das Dorfgasthaus geblieben, wo die Straßer sich heimisch fühlen. Das Speisenangebot ist gutbürgerlich mit einigen regionalen Akzenten. Die Weinkarte zeigt, was die Winzer der Region können.

Weinstube Peter Dolle
Herrengasse 2
Tel: 23 26
geöffnet: Do–So ab 11 Uhr
Betriebsferien: Juli und August
Plätze: im Lokal 60, im Garten 100
Preise: Hauptgerichte
70–200 ATS
Kreditkarten: keine

Urgemütlich ist die Weinstube, in der neben den glasweise ausgeschenkten Weinen typisch österreichische Kost geboten wird. Auf hohem Niveau zünftig ist es, wenn bei gutem Wetter auch im Hof aufgetragen wird. Familie Dolle pflegt eine Heurigenküche, die mit ihren vielfach preisgekrönten Weinen ohne weiteres Schritt halten kann.

HEURIGE

(Öffnungszeiten siehe Heurigenkalender)

Eduard und Renate Schreibeis
Gaisbergkeller
Tel. 55 38 (Keller: 50 43)

Am hintersten Ende einer der typischen Hohlwegkellergassen, direkt zu Füßen des Gaisbergs, liegt dieser Heurigenkeller. Familie Schreibeis besitzt Rebgärten in den besten Straßer Berglagen. Entsprechend extraktreich sind ihre Weine: fruchtig der Riesling, klassisch der Grüne Veltliner und ausdrucksvoll der Weißburgunder.

Anton und Elfriede Waldschütz
Obernholz
Kellergasse
Tel. 7 92 13

Hoch oben am Rücken des Manhartsberges liegt das kleine Dorf Obernholz. Hier öffnen die Waldschütz's ein paarmal im Sommer ihren Heurigen. Der Blick von hier oben weit über das Straßer Tal und die Donau hinweg bis zu den Voralpen ist einmalig. Man sitzt beschaulich und ruhig im überdachten Garten und kann sich nicht satt sehen.

EINKAUFEN

Wein

Peter Dolle
siehe oben

Der Name Peter wird vererbt. Ebenso das leidenschaftliche Engagement und der Ehrgeiz, mit dem die Dolles Qualitätsweinbau betreiben. Nun schon in der dritten Generation. Vom Gaisberg stammen vollmundige Grüne Veltliner und stoffige Rieslinge, von den Lagen

Brunngasse, Hasel und Sandgrube bemerkenswerte Weiße Burgunder und Chardonnays. Von allen Dolle-Weinen stehen Flaschen bis zurück aus den sechziger Jahren zum Verkauf. Im dreihundert Jahre alten Weinkeller können Weinfreunde Abteile für ihre Lagerweine mieten und sie, wenn sie wollen, gleich nebenan in der volleingerichteten Weinstube mit Freunden leeren.

Schloßweingüter Metternich-Sándor
Talstraße 162
Tel. 23 93

Schon vor achthundert Jahren hat man auf den Metternichschen Rieden Wein gezogen. Fruchtig-pfeffrige Grüne Veltliner und feine Rieslinge stehen im Vordergrund. Es werden aber auch Sauvignon Blanc, Weißburgunder und Traminer angebaut. Wer hier einkaufen möchte, muß sich telefonisch anmelden oder in die Schloßtaverne nach Schloß Grafenegg fahren.

Johann Topf
Herrengasse 6
Tel. 24 91

Der Junior gehört zu den jüngsten Winzern im Kamptal. Seinem bedingungslosen Qualitätseifer verdankt er einen kometenhaften Aufstieg. Neider nennen den mit der Kunst flirtenden Winzer gern einen Spinner. Von köstlicher Delikatesse sind seine Weine vom Wechselberg: mineralisch elegant der Grüne Veltliner, geschliffen und mit großem Reifungspotential der Riesling. Auch beim Sauvignon Blanc und beim Chardonnay sieht Topf auf Kraft und Konzentration. Besuch und Probe nach Vereinbarung.

Franz Zottlöderer
Sauerbrunngasse 49
Tel. 52 52

Freunde des Neuburgers sollten hier nicht vorbeifahren. Vater und Sohn Zottlöderer haben einen Narren an ihm gefressen. Sie lassen ihn im großen Holzfaß reifen, legen den kraftvollen Wein aber auch auf Barrique. Beide Versionen finden ihre Bewunderer.

WEISSENKIRCHEN

Vorwahl: 0 27 15

ÜBERNACHTEN

Raffelsbergerhof
Hotel garni
Weißenkirchen
Tel. 22 01
Fax 22 01 27
Im Winter geschlossen
Vier Sterne, 28 Betten
Preise: EZ 580–650 ATS,
DZ 510–650 ATS
Kreditkarten: EuroCard

Der Renaissancebau von 1574 ist ein ehemaliges Schiffsmeisterhaus mit Arkadengängen, Gewölbekellern und einer Fülle alter Einrichtungsgegenstände. Die Zimmer bieten jeden Komfort. Die Kellerbar »Wein & So«, in der sich alles verkosten läßt, was Rang und Namen hat in der Wachau, ist ein beliebter Abendtreff.

Donauhof
Hotel garni
Gisela Mandl
Weißenkirchen 298
Tel. 23 53
Fax 2 35 34
Drei Sterne, 27 Betten
Preis: EZ 520 ATS,
DZ 460–480 ATS
Kreditkarten: keine

Gisela Mandl führt ihr freundlich im Landhausstil eingerichtetes Haus persönlich und familiär. Sie arrangiert Weinverkostungen und Winzermenüs, und ihr Frühstück wird gerühmt.

Kirchenwirt
Kremser Str. 17
Tel. 23 32
Drei Sterne, 31 Betten
Preis: EZ 580–620 ATS,
DZ 490–540 ATS
Kreditkarten: keine

Das gemütliche, ein wenig verwinkelte alte Haus ist sowohl im Hauptgebäude wie auch in der hinzuerworbenen Dependance neu eingerichtet und mit allen Bequemlichkeiten ausgestattet worden.

ESSEN

Restaurant Heinzle *
Wachaustraße 280
Tel. 22 31
geöffnet: Mai–Okt. Di–So,
Nov.–April Mi–So
11–21Uhr
Plätze: 60 im Lokal, 80 auf der Donauterrasse
Preise: Hauptgerichte 75–195 ATS
Kreditkarten: keine

Gerhard Heinzle hat sich als Fischspezialist einen Namen gemacht. Die gemütliche Gaststube und im Sommer die große Terrasse an der Donau bieten dazu das passende Ambiente. Die Karpfen und Forellen, die Zander und Welse stammen aus den Gewässern des Umlandes und sind so frisch wie die Produkte, aus denen Heinzle die bodenständigen Gerichte macht, die darüber hinaus auf der Karte stehen. Dazu gibt es die Weißweine aus den Kellern der nahen Spitzengüter.

Kirchenwirt
Kremser Str. 17
Tel. 23 32
geöffnet: Mo–Sa 11–22 Uhr
Betriebsferien: während der Wintermonate
Plätze: im Lokal 80, im Garten 60
Preise: Hauptgerichte 95–200 ATS
Kreditkarten: keine

»Die nettesten Wirtsleute der Wachau«, nennt sie die deutsche Zeitschrift »Essen und Trinken«. Und in der Tat, in den urigen Räumen bei den Köcks muß man sich einfach wohl fühlen. Martha Köck kocht, was die Wachauer gern essen: gekochtes Rindfleisch, Saumeisen, Donaufische und für hinterher Nuß-, Mohn- oder Topfenstrudel. Die Weine kommen vom Winzerhof Lehensteiner und von den Freien Weingärtnern.

Wein & so
siehe Raffelsbergerhof

Gasthof & Weingut Josef Jamek
Joching 45
Tel. 22 35
geöffnet: Mo–Do 11–16 Uhr, Fr und Sa 11–21 Uhr
Betriebsferien: Mitte Dezember bis Mitte Februar
Plätze: 60 im Lokal, 80 bis 100 im Garten
Preise: Hauptgerichte 120–260 ATS, Menüs 220–350 ATS
Kreditkarten: keine

Das jahrzehntelang von Josef Jamek, dem Leit-Winzer der Wachau, und seiner Frau geführte Restaurant ist inzwischen in die nicht minder fähigen Hände ihrer Tochter Jutta Altmann übergegangen. Die ein wenig in die Jahre gekommene Einrichtung der hohen, rustikal getäfelten oder altbürgerlich möblierten Räume wurde von Frau Altmann vorsichtig und geschmackssicher erneuert. Was für die vielen ehrfurchtsvollen Freunde des Hauses seinen Charme ausmachte, blieb erhalten. Frau Jamek hat seinerzeit den Küchenstil geprägt, an dem die ganze Wachau sich heute orientiert: Bodenständiges unter Verwendung frischer saisonal-typischer Produkte, deftig bis raffiniert zubereitet. Und Jutta Altmann sorgt dafür, daß dieser Stil fortentwickelt wird. So gibt es selbstverständlich original Waldvierteler Saumeisen, aber auch feine Pasteten mit marinierten Äpfelchen und eingelegten Quitten oder schmackhafte Herbsttrompeten, wenn deren Zeit ist. Daß es beim Jamek exzellenten Wein zum Essen gibt, muß nun wirklich nicht betont werden. Allenfalls, daß all diese Weine auch glasweise angeboten werden, als ideale Partner zu jedem Gang.

Holzapfel's Prandtauerhof
Joching 36
Tel. 23 10
geöffnet: Di–Sa 16–21.30 Uhr
Plätze: 70 im Lokal
Preise: Hauptgerichte 90–210 ATS, 4-Gänge-Menü 250–350 ATS
Kreditkarten: keine

Der Prandtauerhof (Seite 40) ist ein Schmuckstück. In seinem Abendlokal, einer gelungenen Synthese zwischen Feinschmekkerrestaurant und Edelheurigem, bietet Karl Holzapfel Schmankerln aus der bodenständigen saisonalen Küche. Den weich-aromatischen Ribisl-Schnaps – wenn Sie bekommen, einen zwei oder drei Jahre alten – sollten Sie unbedingt probieren (siehe auch weiter unten).

Florianihof
Wösendorf
Tel. 22 12
geöffnet: Fr–Di 11.30 bis 14 Uhr, 18–21.30 Uhr
Betriebsferien: Mitte Januar bis Mitte Februar
80 Plätze in drei Räumen
Preise: Hauptgerichte von 110–250 ATS, 4-Gänge-Menü 300 ATS
Kreditkarten: American Express

Den vor achthundert Jahren hier errichteten Lesehof des Klosters St. Florian machte Karl Mandl zu einer der Adressen, die der Wachauliebhaber aufsucht, wann immer sein Weg ihn hier vorbeiführt. Einfühlsam verfeinerte regionale Küche ist Mandls Konzept. Das wird nicht nur auf dem Teller deutlich. Die gediegen rustikale Einrichtung, der von den alten Gewölben bestimmte Raumeindruck, die freundliche Stimmung, die vom Service ausgeht, alles stimmt. Selbstverständlich wird, was in der Küche verarbeitet wird, im Waldviertel gekauft. Die Weinkarte empfiehlt die Spitzenweine von den Terrassen der nahen Umgebung. Aber auch einige große Rotweine von internationalem Rang. Der Patron führt kommentierte Verkostungen regionaltypischer Weine durch. Vom Schiff aus und angesichts der Rieden, von denen sie stammen.

Gasthaus Schwarz
3521 Nöhagen 13
Tel. 0 27 17 / 82 09
geöffnet: Mittwoch bis Sonntag; ab November bis Mitte April Freitag bis Sonntag
Plätze: im Lokal 60, im Garten 30
Preise: Hauptgerichte 96–195 ATS
Kreditkarten: keine
Reservierung dringend empfohlen!

Ach, wäre er doch noch ein Geheimtip, der Schwarz in Nöhagen. Alles hat er, was ihn dazu prädestinieren würde: Er liegt, wohin Touristen sich nur verirren können, bringt auf den Tisch, was die Familie an Eigenem erzeugt, und gebietet über einen derart ausgesuchten Weinkeller (Weinkarte mit über dreihundert Positionen), daß selbst Winzer zu ihm pilgern, um ihre Maßstäbe zu eichen. Und das nicht nur im Vergleich mit den besten Weinen der Region – nein, es heißt, Schwarz brauche auch zwei Kisten Mouton im Quartal! Sicher nicht nur für Pfarrer Denk, das Wachauer Weinorakel aus Albrechtsberg, der ihn berät. Auch Siebeck fährt hin und berichtet.

HEURIGE

(Öffnungszeiten siehe Heurigenkalender)

Weingut Ilse Mazza
Weißenkirchen 124
Tel. 23 00

In einem der ältesten Hauerhäuser, oben im ursprünglichsten Ortsteil von Weißenkirchen, betreibt Ilse Mazza, die einzige Weinbau- und Kellermeisterin von Rang in der Wachau, ihren Heurigen. Nicht nur ihre Weinkarte (siehe unten) wird gerühmt, auch was aus der Küche kommt, ist Wachauer Sonderklasse.

Weinstube Johann und Monika Schmelz
Weinbergstraße 14
Joching
Tel. 24 35

Wo engagierte Winzer am Werk sind, ist häufig auch die Heurigenküche von besonderer Güte. Monika Schmelz legt Wert auf bodenständige Gerichte und Hausgemachtes in ihrer Weinstube: Blunzentascherl und Waldvierteler Saumeise gibt's, eine Winzerpastete vom Kalb mit Kürbiskompott und ein vegetarisches Grammelschmalz.

Weingut Rudolf Pichler
Wösendorf 38
Tel. 22 67

Leider nur im Frühjahr (März und April) und im Herbst (Oktober und November) ist der Buschenschank der Pichlers geöffnet. Die 45 Plätze sind dann von Genießern besetzt, die sich die Öffnungstermine schon seit langem in ihre Kalender geschrieben haben. Sie kommen nicht nur der bekannt verführerischen Weine wegen, von denen man, wenn ausgesteckt ist, auch noch einige ältere Jahrgänge aus der Schatzkammer zu trinken bekommt, sondern auch wegen des ausgesucht feinen Buffets, von dem man das übrige Jahr über leider immer nur rühmen hört.

EINKAUFEN

Wein

Franz Prager
Weißenkirchen 48
Tel. 22 48

Franz Prager gehört zu den Wachauer Weinbaupionieren. Noch hat er das Heft auf seinem Zwölf-Hektar-Gut nicht gänzlich aus der Hand gelegt, aber Schwiegersohn Toni Bodenstein hat sich längst einen Namen gemacht neben ihm. Nicht nur als innovativer Winzer, sondern auch als intimer Kenner der Geschichte seiner Heimatregion. Das Gut produziert ausschließlich Weißweine. Im Vordergrund steht der lagentypisch ausgebaute Riesling, von dem man auch, wenn es der Jahrgang zuläßt, großartige Auslesen mit Restsüße abfüllt. Ungewöhnlich für die Wachau. Verkostungen nach Voranmeldung.

Weingut Manfred Jäger
Weißenkirchen
Tel. 25 35

Spätestens mit seinem Siegerwein beim Weißwein-Award 1996, dem 95er Grünen Veltliner Smaragd vom Ried Klaus sind Vater und Sohn Jäger aus dem Schatten ihrer vielgenannten Kollegen herausgetreten. Besonders ihre urwüchsigen Veltliner und die extraktreichen, fruchtbetonten Rieslinge vom Ried Achleiten haben treue Freunde gefunden. Wenn ausgesteckt ist (siehe Heurigenkalender) oder nach telefonischer Verabredung können die Weine verkostet werden.

Weingut Ilse Mazza
Weißenkirchen 124
Tel. 23 00

Obwohl die Vollblutwinzerin (siehe oben) bereits dreißig Prozent ihrer Produktion exportiert, wird Ilse Mazza gerne noch als Geheimtip gehandelt. Ihre drei Hektar Reben bewirtschaftet sie allein. Kompromißlos achtet sie auf Qualität. Ertragsbegrenzung im Weingarten, schonender Ausbau im Keller. Im Angebot sind Grüner Veltliner, Riesling und Zweigelt.

Josef Jamek
Joching
Tel. 22 35

Auch das Weingut hat Josef Jamek, der legendäre Erneuerer des Wachauer Weins, inzwischen an seinen Schwiegersohn, Hans Altmann, übergeben. Auf den berühmten Rieden Klaus und Zweritaler wächst Riesling, auf Achleiten und Stein-am-Rain vornehmlich Grüner

Veltliner. Es gibt aber auch Weißen Burgunder, Chardonnay und Muskateller oder verschiedene Rote. Jamek'sche Weine sind gern ein wenig leichter als heute üblich in der Wachau. Sie passen daher besonders gut zum Essen. Im Restaurant (siehe oben) gibt es alle Weine des Hauses glasweise. In der modernen Verschlußbrennerei brennt Jameks Enkel, Markus Wieser, sortenreine Tresterbrände und Edelobstschnäpse.

Weingut Johann und Monika Schmelz
Weinbergstraße 14
Joching
Tel. 24 35

Seit Ende der achtziger Jahre betreibt Johann Schmelz Weinbau im Vollerwerb. Inzwischen hat er sich einen Spitzenplatz im Wachauer Weinbau erkämpft, und sein Betrieb ist auf 7,5 Hektar Rebfläche angewachsen. Seine fruchtbetonten Grünen Veltliner sind ebenso schnell ausverkauft wie seine bukettreichen, herrlich typischen Rieslinge von den Rieden Stein-am-Rain und Steinriegel.

Weingut Rudolf Pichler
Wösendorf 38
Tel. 22 67

Vater und Sohn Rudolf Pichler sind Qualitätsfanatiker. Der Junior- Winzer hat zwar nie eine weinrelevante Prüfung abgelegt, hat stattdessen aber das sogenannte »Händchen«. Seine Weine, im wesentlichen Grüner Veltliner und Riesling von den Rieden Hochrain, Kollmütz, Achleiten und Kirchweg, zeigen als »Federspiel« Säureschliff und kräftigen Extrakt, als »Smaragd« Eleganz und betörende Fülle. Verkauf und Verkostung Montag bis Samstag nach vorheriger Vereinbarung. Oder – besonders verführerisch – im Buschenschank, wenn er im März/April und im Oktober/November geöffnet hat.

Pichlhof Franz Pichler
Wösendorf 114
Tel. 23 04

Franz Pichler hat mit Weinen Erfolg, die in jedem Jahr einen höchst eigenständigen Jahrgangscharakter entwickeln. Es sind leichte Weine mit geringem Alkoholgehalt, möglichst ohne Eingriffe in ihre Entwicklung ausgebaut, duftige, reintönig-blumige Weine, die auf die Flasche kommen, wie sie gewachsen sind: Grüne Veltliner, Rieslinge und geringere Mengen von Malvasier, Chardonnay und Gelbem Muskateller. Auch Zweigelt und Blauer Portugieser werden angeboten.

Weingut Langmayer
Wösendorf 62
Tel. 26 14

Seit Ende des letzten Jahrhunderts ist das Weingut im Besitz der Familie. Josef Langmayer sen. gehört zu den Pionieren des Wachauer Qualitätsweinbaus. Und auch der Sohn stellt Jahr für Jahr Weine vor, die zu den besten der Wachau zählen. Gearbeitet wird naturnah. Steinfeder- und Federspielweine kommen bereits im Februar auf die Flasche. Bei Vollmond. Die Smaragdweine im Mai. Die Rieslinge, in der Jugend ungehobelt, reifen zu perfekter Frucht. Die Grünen Veltliner sind typisch.

Edelbrände

Weingut und Brennerei Karl Holzapfel
Joching 36
Tel. 23 10

Holzapfels Grüne Veltliner stehen auf den Rieden Weitenberg und Achleiten, seine Rieslingstöcke auf Vorderseiber und Klaus: berühmte Terrassenlagen alle miteinander. Und Karl Holzapfel macht großartige Weine daraus. Außergewöhnlich aber sind seine Edelobstbrände, die er nach den Qualitätsanforderungen der »Quinta Essentia« destilliert, einer kleinen Gemeinschaft von fünf Obstbrennern, die weit über Österreich hinaus Anerkennung gefunden haben. Von besonderer Klasse: Marille, Ribisl, Quitte!

Souvenirs

Wachauer Heimatstube
Franziska Götz
Weißenkirchen 62
Tel. 23 16

Trachtenmode. Dazu Bauernschmuck und Keramik. Österreich-Souvenirs hochwertig und in großer Auswahl.

Wein & Kunsthandwerk
Familie Schneeweiß
Tel. 22 14

Hier in den historischen Salzstadln kann man Kunsthandwerk aus dem Waldviertel erstehen: Keramik und Kristallgläser, Bauernhabseligkeiten und Schmuck. Aber auch die Erzeugnisse heimischer Destillierkunst: Edelbrände aus Marillen, Zwetschgen, Birnen und Wein.

ZÖBING
siehe unter
LANGENLOIS

ZWETTL

Vorwahl: 0 28 22

ÜBERNACHTEN

Bergwirt
Familie Schrammel
Moidrams 1
Tel. 5 28 03
Fax 52 80 38
43 Betten, 2 Appartements
Preise: EZ 450–500 ATS,
DZ 400–500 ATS
Kreditkarten: keine

Das Hotel, ein Familienbetrieb mit Tradition, liegt an der Einfahrt der B 38 in die Stadt. Es ist mit allem ausgestattet, was der Reisende von einem modernen Hotel erwartet. Restaurant und Weinstube.

Hotel Schwarz-Alm *
Gschwendt 43
Tel. 5 31 73
Fax 5 42 73 11
Vier Sterne, 50 Betten,
7 Appartements
Preise: EZ 780–870 ATS,
DZ 600–690 ATS,
Appartements bis 4 Personen
1990 ATS
Kreditkarten: EuroCard,
Visa, Diners

Ein Wohlfühlhotel der besonderen Art. Es liegt hoch über dem Kamp weitab von jedem Verkehr auf einer Riesenwiese mitten im Wald. Dabei hat es eigentlich nichts Außergewöhnliches. Große angenehme Zimmer. Fitneßraum, Sauna, Kneippanlage. Man kann Tennis spielen, Mountainbikes leihen, sich massieren lassen. Service und Gästebetreuung funktionieren unauffällig, fast ein wenig distanziert. Nichts stört, alles stimmt. Man fängt an, sich zu entspannen, ehe man noch so recht sein Zimmer bezogen hat. Im übrigen gibt es ein buntes Angebot von Aktivitäten und Arrangements: so zum Beispiel Bierseminar, Blütenseminar oder Karpfenseminar.

Schloßhotel Rosenau
3924 Schloß Rosenau
Tel. 0 28 22 / 58 22 10
Fax 58 22 18
28 Betten
Preise: EZ 670–720 ATS,
DZ 540–690 ATS,
Appartements: 740–790 ATS
Kreditkarten: EuroCard, Visa,
Diners, American Express

Man geht durch Gänge und über enge Stiegen. Die Zimmer, geräumig und mit allem ausgestattet, was man sich in modernen Hotels wünscht, liegen im zweiten Stock und sind stilvoll eingerichtet. Kein Zweifel: Man wohnt im Schloß. Erkundigen Sie sich nach preiswerten Arrangements.

ESSEN

Hotel-Restaurant Schwarz-Alm *
Tel. 5 31 73
geöffnet: ganzjährig ohne
Ruhetag
Betriebsferien: 2 Wochen im
Februar
Plätze: im Lokal 170, im
Garten 120
Preise: Hauptgerichte
85–220 ATS
Kreditkarten: EuroCard, Visa,
Diners

Das Haus gehört der Privatbrauerei Zwettl Familie Schwarz. Bier gibt's vom Faß, alle fünf Sorten, oder vom Bierbrunnen vor dem Haus. Die Speisen sind bodenständig mit saisonalen Schwerpunkten: also ein ausgezeichneter Schweinsbraten oder Wild- und Pilzgerichte und natürlich Zwettler Karpfen. Im Rahmen des Karpfenseminars (siehe oben) zeigt der Küchenchef den Karpfenseminaristen, wie man den Karpfen »schröpft«, also grätenfrei macht. Das Restaurant ist angenehm gegliedert, der Service fix und kompetent. Auch hier: Man fühlt sich wohl.

Zum goldenen Hirschen
Landstraße 49
Tel. 5 23 73
geöffnet: Mo–Fr und
So mittag
Plätze: im Lokal 120, auf der
Terrasse 30
Preise: Hauptgerichte
68–148 ATS
Kreditkarten: keine

Eines der alten Gasthäuser der Stadt, in dem Sie gut waldviertlerisch essen können. Auf der sommerlichen Terrasse sitzen Sie direkt auf der Stadtmauer und schauen auf die Zwettl hinab.

CAFÉ

Café Mayrhofer
Landstraße 1
Tel. 5 24 20
geöffnet: täglich 8–1 Uhr
Plätze: im Lokal 100, im
Garten 20
Kreditkarten: keine

Kleine Marmortischchen, Thonet-Stühle drum herum, ein Billardtisch in der Mitte. An den Wänden Haken, an denen in Holz geklammert die Zeitungen Österreichs hängen. Draußen und drinnen Jugendstil-Anklänge. Frau Elisabeth Mayrhofer tut alles dafür, den Wiener-Caféhaus-Charakter ihres Hauses zu erhalten. Hier soll jeder, der Lust dazu hat, den ganzen Tag zubringen können.

Schloßrestaurant Rosenau
3924 Schloß Rosenau
Tel. 0 28 22 / 58 22 10
geöffnet: täglich
Betriebsferien: keine
Plätze: im Lokal 70, auf der Terrasse 70
Preise: Hauptgerichte von 60–225 ATS
Kreditkarten: EuroCard, Visa, Diners, American Express

Rosen, deren Farbenpracht und Duft das Schloß umgeben, bilden auch das Motto des durchaus heimelig eingerichteten Restaurants. Es gibt hausgemachtes Rosengelee und Rosentee als Mitbringsel und zur Erinnerung. Die Karte bietet Waldviertlerisches in ausgezeichneter Qualität: Schweineschnitzel in einer Erdäpfelkruste, Mohn-Speck-Knödel oder geschröpftes Zwettler Karpfenfilet. Mohnspezialitäten findet man zum Nachtisch, und wen zwischendurch der Hunger überfällt, der sollte das im Tontopf gebackene Topfbrot probieren, das mit Bauernbutter serviert wird.

EINKAUFEN

Handtaschen

Christian Franzus
Landstraße 61
Tel. 5 24 53

Die Handtaschen, Köfferchen und Etuis der Marke Tom werden auch in New York und Tokio angeboten. Stück für Stück handgefertigt aber werden sie in Zwettl. Die eleganten Accessoires aus der Werkstatt des innovativen Designers Christian Franzus, die auch nach Kundenwünschen gefertigt werden, sind – aus Holz. Ein Besuch in seinem sympathischen Lädchen an der Zwettler Landstraße ist einen Umweg wert.

Naturprodukte

Evi Naturkost
Kuenringerstraße 3
Tel. 5 30 55

Einer der Naturkostläden des Vereins »Erzeuger-Verbraucher-Initiativen« (vgl. Evi Krems Seite 119).

Bauernmarkt
Kremserstraße 49
Tel. 5 37 32

Der Bauernmarkt in Zwettl ist mit seinen Buden und Ständen zu einer festen Einrichtung geworden. Er findet vom 29. März bis zum 25. Oktober jeden Freitag von 9 bis 17 Uhr statt.

Sonntor Kräuter Handelsgesellschaft m.b.H.
Sprögnitz 10
Tel. 72 56
siehe Seite 108

Register

Bildnachweis:

Altenburger Stiftsarchiv: S. 13, 95; Austropa, Verkehrsbüro Krems: S. 22, 23; Baumgartner, Graz/Stift Melk: S. 55; Hotel Schloß Dürnstein: S. 32; Freie Weingärtner, Dürnstein: S. 33; Gerhard Gerschewski: S. 96; Stiftsarchiv Göttweig: S. 76, 79; Manfred Klimek: S. 42; Kulturpark Kamptal, Lang: S. 13; 53, 83, 84, 96, 98, 99, 100, 103, 104, 105; Kulturpark Kamptal/Niederösterreich-Werbung: S. 91; Kulturpark Kamptal, Schumacher: S. 102; Niederösterreich-Werbung: S. 21, 73, 77, 81, 94; Neuwirth/Niederösterreich-Werbung: S. 10–11; Burg Oberranna: S. 51; PAG-Verlag, Wien/Zisterzienserstift Zwettl: S. 87; Prandtauerhof, Hausner: S. 41, 68; Schiffahrtsmuseum, Spitz a.d. Donau: S. 47, 48, 49; Peter Schmoeckel: S. 9, 12, 18, 20, 25, 26, 27, 28, 29, 31, 34, 35, 37, 38, 44, 45, 46, 56, 57, 59, 62, 63, 64, 65, 66, 67, 69, 70, 74, 75, 80, 106; Tourismusregion Waldviertel: S. 85, 86, 88, 92, 93; Weinstadtmuseum Krems a. d. Donau, Nicola Sautner: S. 19

Geheimtips für Genießer

»Geheimtips für Genießer heben sich deutlich vom Gros der eintönig aufgemachten Reiseführer ab. Sie laden dazu ein, genußvolles Speisen mit genußvollem Reisen zu verbinden... So originell und gelungen wie die Idee der Reihe ist auch ihre Umsetzung: Jeder der Bände beschränkt sich auf ein überschaubares Gebiet und setzt überzeugende Schwerpunkte.

Der größte Pluspunkt der Reihe ist der ausführliche und ausgezeichnete Adressenteil am Ende eines jeden Bandes.« *Die Zeit*

Jeder Band ca. 140 Seiten, zahlreiche Karten, durchgehend vierfarbig illustriert.

Weitere Bände in Vorbereitung.

Droemer Knaur
edition spangenberg

Spaziergänge zwischen Kunst und Küche

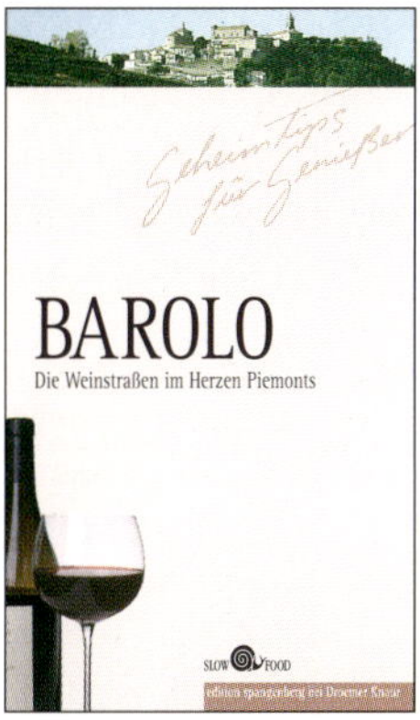

Geheimtips für Genießer

Jeder Band ca. 140 Seiten, zahlreiche Karten, durchgehend vierfarbig illustriert.

Weitere Bände in Vorbereitung.

Droemer Knaur
edition spangenberg

SLOW FOOD

Kommen Sie jetzt in den Genuß

Immer mehr Menschen erkennen, daß Essen und Trinken Teil unserer Kultur sind. Darum unterstützen immer mehr Menschen SLOW FOOD. Denn die internationale SLOW-FOOD-Bewegung setzt sich für die Achtung der Lebensrhythmen der Menschen und der Natur als Ursprung aller Nahrung ein; für die Verbreitung hochwertiger Lebensmittel, die naturnah mit sinnvollen Methoden erzeugt werden; für das Bewußtsein, daß jedes Land, jede Region und jede Jahreszeit eine Vielfalt von Nahrungsmitteln hervorbringen.

Darum machen bei SLOW FOOD alle mit: Produzenten und Händler, Winzer und Gastronomen, Verbände und Journalisten – und viele, viele private Genießer.

Mit der Anmeldung zur Bewegung SLOW FOOD International bekommen Sie automatisch Ihre Mitgliedskarte und ohne weitere Kosten die viermal im Jahr erscheinende Zeitschrift »Slow« zugeschickt. Die Mitgliedskarte gibt Ihnen die Möglichkeit, Rabatte und Vorteile, die unseren Mitgliedern exklusiv vorbehalten sind, weltweit zu nutzen. Außerdem werden Sie regelmäßig über SLOW-FOOD-Veranstaltungen in Ihrer Region informiert.

Ja, ich möchte in den Genuß kommen und werde Mitglied bei der Bewegung Slow Food International.

____
Name

____
Vorname

____
Firma

____
Straße

____
Postleitzahl/Ort

____
Land/Region

____
Telefon/Fax

____
Beruf

____
Datum/Unterschrift

Jahresbeitrag: DM 120,–, öS 650,–, sFr. 120,–.
Die Mitgliedschaft gilt 1 Jahr. Sie kann danach jederzeit und ohne Angabe von Gründen gekündigt werden.

Zahlungsart:

☐ Überweisung auf das italienische Postscheckkonto von SLOW FOOD beim Ufficio postale di Bra (Cn) – sede N°. 23-31 Konto-Nr. 17 251 125 (Überweisungsdurchschlag liegt bei.)

☐ Visa / Master Card

☐ American Express

☐ Karten-Nr.:

____

____
Ablaufdatum

____
Ort/Datum

____
Unterschrift

Bitte diesen Coupon kopieren und einfach in einen frankierten Umschlag stecken oder faxen an: SLOW FOOD INTERNATIONAL OFFICE, VIA DELLA MENDICITA ISTRUITA 14, I-12042 BRA (CN), TEL.: 00 39 172 41 12 73, FAX 00 39 172 42 12 93